40代からのライフシフト

実践ハンドブック

80歳まで現役時代の人生戦略

徳岡晃一郎
Koichiro Tokuoka

東洋経済新報社

まえがき

定年退職後の40年を、あなたはどう生きますか？

最近、「人生１００年時代」という言葉をよく聞くようになりました。きっかけとなったのは、２０１６年に刊行されたロンドン・ビジネススクールのリンダ・グラットン教授らによる著書、『ライフ・シフト　１００年時代の人生戦略』（東洋経済新報社）です。同書には、（２０１６年時点で）50歳未満の日本人は、１００年以上生きるつもりでいた方がいいと記されています。もちろん、50歳以上の人も、１００歳まで生きる確率は決して低くはないということです。

さて、あなたは、１００歳まで生きることを想定して、今後の人生を考えていますか？

日本では、サラリーマンの多くが60歳で定年退職を迎えます。「人生80年」と言われてきたこれまでの時代は、定年退職後の20年は、年金が満額支給される65歳まで再雇用などで働き、その後は退職金や年金などで悠々自適に過ごすというのが、老後の指針でした。

しかし、100歳まで生きるとなると、この指針は通用しません。60歳で退職した後に、まだ40年もあるのです。それだけの長い期間を、ずっと退職金や年金だけで生活し続けることは、おそらく困難です。生活費の心配がないという人でも、40年もの年月を無為に過ごすことはできないでしょう。よく、「退職後は好きなことをして過ごしたい」という人がいます。しかし、実際には、そのような生活は1年ももたないと多くの経験者が述べています。仕事などを通じた社会参加は、充実した人生に欠かせない要素の一つなのです。

では、定年後の40年を、私たちはどのように考えればよいでしょうか？　これまで、定年退職後の60歳から寿命の80歳までの20年間を引退後の老後・余生とすれば、人生100年時代では、80歳から100歳までの20年間は老後と位置づけるにしても、せめて80歳までは現役で働き続けるイメージを持っておくべきでしょう。

一般に、会社員としての生活は60歳まで、継続雇用でも65歳までで終わってしまいます。80歳まで現役期間を延ばすには、早い時期からそのための準備を始める必要があります。「退職後のことは、退職してから考えればいい」と思う人もいるでしょう。しかし、年を取ってから始められることは限られています。準備を始める時期が早ければ早いほど、人生の後半を充実させることができるのです。

ですから、せめて、50代のうちに、やりたいことを見つけておきたいものです。そのためには、40代から準備を始めた方がよいでしょう。もし、あなたが今30代でも、準備を始めるのに早すぎるということはありません。30代、40代の方は老後の心配というよりも、80歳までの長い現役人生をいろいろな経験を積んでどのように楽しく過ごすか、まさに今、この時点から考え始めることができるからです。

「60歳で定年退職」は人生のゴールではない

日本企業では、長年にわたり終身雇用制度が定着してきました。昨今は転職や起業する人も増えてきましたが、それでも、定年退職するまで一つの会社に勤務し続ければ安泰だと思っている人は、今でも多いでしょう。そういう人は、今の会社で勤務を続けるだけで、人生100年時代を生き延びることができるかどうか、ぜひ考えてみてください。

40歳を過ぎると、社内におけるキャリアの〝登山道〟の道幅はどんどん狭く、険しくなっていきます。時には下り坂に入ってしまったり、崖から転落してしまうリスクも高まります。さらには、テクノロジーの急速な進化やグローバル競争の激化で市場環境が激変し、会社という〝山〟そのものが崩落してしまうリスクもあります。

たとえ順調にキャリアアップできたとしても、いずれ必ず崖に突き当たります。図表1

図表1　キャリアのイメージ（ライフシフトエネルギーカーブ）

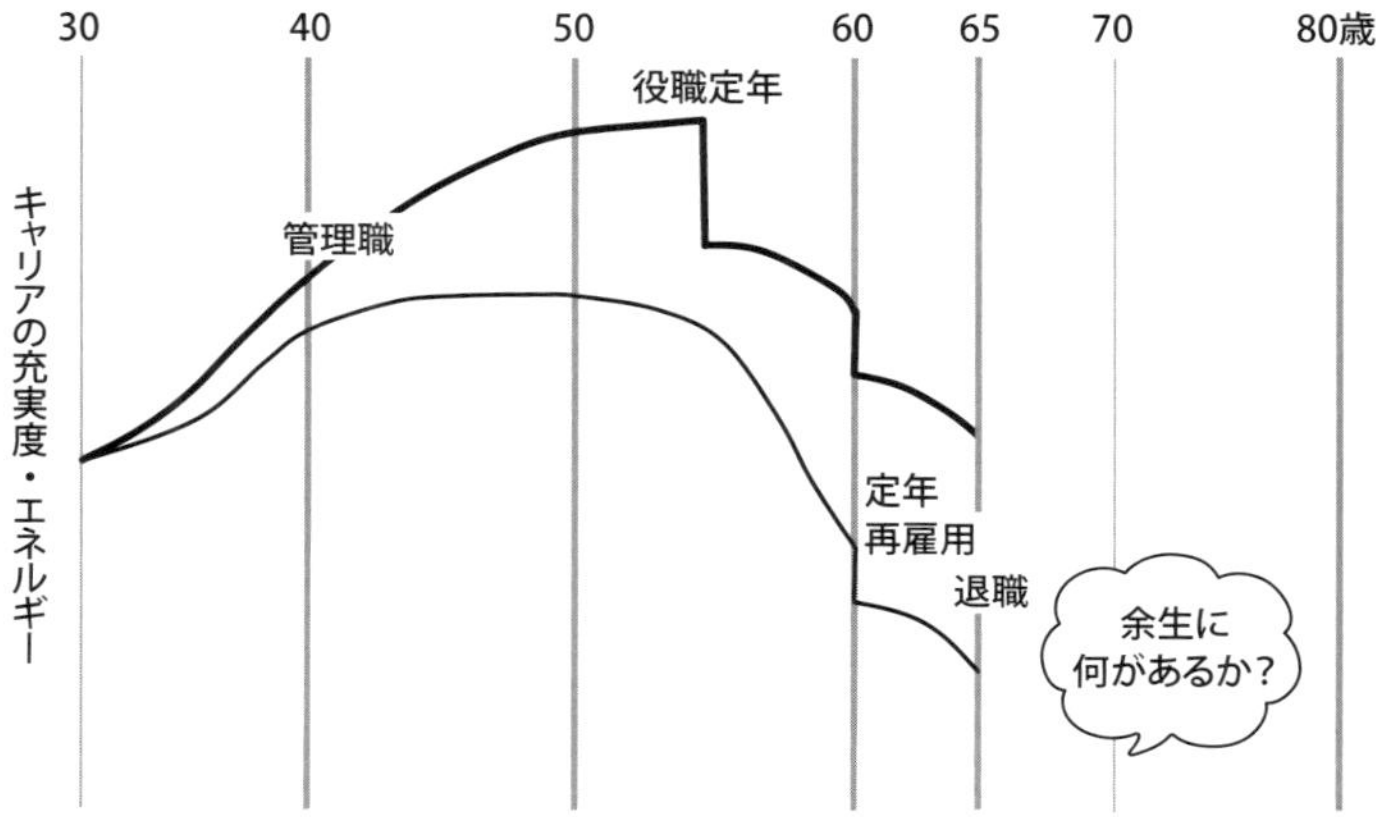

は、企業における一般的なキャリアのイメージです。多くの社員（細線）は、30代までは順調に上がっていきますが、40代で頭打ちになり、50代で下り坂に入り、60歳で退職後は継続雇用となり、仕事への情熱は大きくダウンしていきます。たとえ優秀な社員（太線）でも、55歳前後で役職定年となり、60歳以降、大幅にダウンするのは同じです。65歳以降も継続雇用を続ける企業が増えてきていますが、かつてのような責任も権限もなく、給与も安い仕事に、やりがいを見出すのは難しいかもしれません。

会社に身を任せている限り、待っているのはこのようなキャリアです。このまま何もせずに手をこまねいていれば、キャリアは尻つぼみとなり、とても80歳まで現役で働き続けることなどできません。それにもかかわらず、こうした事前に想定できるリスクから目を逸らし、目の前の仕事に埋没していないでしょうか？

会社や組織が社員の面倒を最後まで見てくれる時代は、とうの昔に過ぎ去りました。これからは、会社や組織というコンフォート・ゾーン（安住の地）から抜け出し、「自分はどうありたいか」「自分は何をすべきか」を自分自身で考えて、切り拓いていく時代です。「会社中心の人生」から「自分中心の人生」へと切り替えることが求められているのです。これがライフシフトの本質なのです。

高齢化と人口減少のダブルパンチを食らう

このような中で、もう一つのリスクが迫っています。それが人口減少です。

すでに人口減少は２００８年の１億２８０９万人をピークに始まっています。10年たった２０１８年４月には１億２６５３万人となっており１５０万人の減少。沖縄県一県分の人口が消えたのです。その２年後の２０２０年にはさらに１２０万人が減ると予想され、青森県や岩手県の人口に相当する数が消滅。減少スピードはどんどん速まっていきます。

そして、２０１８年から35年後の２０５３年には１億人を割るのです。国内市場は縮小の一途になるわけであり、その際の悲惨な状況は『未来の年表』『未来の年表２』（河合雅司著、講談社現代新書）に詳しいのでぜひお読みください。

そして問題は、その時に読者のあなたは何歳なのか？　ということです。

筆者のように今60歳の人は50％の確率で90歳まで生きられるといいますので、２０５３年には95歳でまだ生きているかもしれない、ですみます。が、今40歳であれば２０５３年にはまだ75歳。35歳であれば70歳で、その先さらに20～30年も、長期低迷する日本で長生きできてしまうのです。また、それだけではなく、定年は確実に延長されるでしょうから、しっかり働いていないといけないのです。

市場も消え、地方も過疎化する、そんな時代に自分の収入を確保し、自分の人生をつくっていかなければならない時代に私たちは突入していくわけです。そんな時に社会のお荷物にはなりたくないですし、社会に貢献して、経済を立て直し次世代につないでいく義務さえあると思うのです。

そういう意味で、ライフシフトとは、来るべき高齢化社会の中で自分の人生を見出す、活躍する居場所をつくる、ということでもあります。ぜひ自分が70歳、80歳になる時の社会を予想してみてください。その時自分の居場所はどこにあるのか？

マラソンでも野球やサッカー、自動車レースでも勝負の世界では、レースの前半でスパートをかけたり、後半戦に勝負どころを持っていったりといろいろな戦略があります。得意技も選手やチームによりそれぞれです。人生の旅路も同様で、早くから出世街道を歩む人や大器晩成型などさまざま。まさに「人生いろいろ」です。ただ、人生の場合はやり直しができないので、人生の最後で自分らしく終わることが勝利だとすると、後半戦が決定的に重要になります。最後に楽しく終わらなくてはもったいない。

でも、シンギュラリティに向かって技術革新やイノベーションがますます激しくなる時代。会社の寿命も20年前後に縮んでいます。そこでは大学を出てから80年の人生、決して一本調子ではいかないでしょう。そうだとすれば、どこから自分の後半戦（第2段ロケット）を描き始めるか。自分を見つめ、第2段ロケットに点火するタイミングを考える必要があります。これまで大企業で終身雇用感覚で生きてきた50代、40代の人は、大企業という大船に乗って順風満帆だったがゆえに、特に意識して人生の第2段ロケットの準備が必要です。マルチステージの人生をすでに歩み始めている30代の人たちは若くから自分の人生を考え、第3段、第4段ロケットのチャンスも用意していくようにしましょう。

新聞を読んでいますか?

筆者は、管理職向けの研修で、よくこんな質問をします。

「今朝の新聞を読みましたか?」「新聞は取っていますか?」

手が挙がるのは、どの会社でも10人に1人もいません。これは、世の中の現実を知ろうとしない態度の表れではないでしょうか。これでは、これからの自分はどうあるべきか、どうすべきかを考える必要性も感じられないでしょう。

しかし、周囲をよく見てください。会社が世話をしてくれる出向先や転籍先は減り、役職定年の管理者が増え、体力も気力も衰え、デジタルテクノロジーについていけずに職場の「お飾り」と化した先輩たちが目に留まりませんか?

AI(人工知能)やデジタルトランスフォーメーションの時代が到来し、会社から求められる要件がどんどん変わっていく中で、ただじっと今のスキル、今の仕事にしがみついていては、早晩やることはなくなってしまいます。新たな仕事をするにも、準備をしていなければ、飛び移ることはできません。

それにもかかわらず、なぜ、自分の未来のために行動を始めないのでしょうか。それは、

「自分だけは大丈夫」「何とかなるさ」と思っているからではないでしょうか。これは、まさに生活習慣病と同じ症状と言えます。惰性に流されるのは、人間の性《さが》です。外部からの情報が遮断された中では、思考停止になってしまいやすいものです。

しかし、それでも寿命は延び続けます。その結果、年金は減り、医療費負担は増え続けます。将来の生活不安が迫っています。そんな中で、自分の未来のリスクに向き合い、社会の中で明るく元気に生きていくためのプランを考えるのは、社会人としての責任とも言えます。若い世代へ希望を示すことにもなるはずです。

本書では、そのように立ち止まってしまっているものの、まだまだ元気で豊富な暗黙知を蓄えたシニア世代、そしてその予備軍として、先輩たちの姿を見て、今まさに「中年の危機」を感じているかもしれない50代、40代、30代。そうしたみなさんが、勇気を出して、職場や社会に意欲的に貢献し、さらに、その先の長い人生を健康で生き生きと過ごし、人生１００年時代を生き抜くためのロードマップを描くための処方箋を具体的に提示します。

また、９人のライフシフト挑戦者に皆さんのストーリーを語っていただきました。みなさん、決して最初から自信があって、そして最初からライフデザインがあってという予定調和でスタートはしていません。ある意味では出たとこ勝負の感もあります。しかし、やりたいことを考えること、人生を考えることには真剣でした。自分自身の人生を真剣に考えることで、誰にでも起こる小さな出会いやちょっとした周囲の変化を、自分のライフシフトに活用しているようです。ライフシフトのきっかけ、その瞬間を逃がさないことからすべては始まるといえるのです。ライフシフトの意識をまず持つ。これが基本です。そのうえで本書で体系化する処方箋を実行すれば、人生のワインディングロードで崖から転落したり、下り坂に迷い込んだりすることなく、自分なりのルートで頂上を目指して、明るい人生を歩めるはずです。

本書では、リンダ・グラットンの『ライフ・シフト』を日本の社会の文脈や個人の働き方、価値観に置き換えて、これからの日本を支えていくみなさんが有意義な人生を送り、羽ばたき続けることができるようにという思いを込めて執筆しました。

ぜひとも、明るい未来を創造していきましょう。

2019年2月

徳岡晃一郎

40代からのライフシフト　実践ハンドブック◎目次

第1章 人生100年時代、ライフシフトが求められている

第2章 マルチステージ型人生への転換と3つの働き方

第3章 ライフシフトを成功に導く働き方改革

第1章

人生100年時代、ライフシフトが求められている

あなたは、この先、何歳まで生きると思いますか？　現在の日本人の平均寿命は、「平成28年簡易生命表」によれば、男性80・98歳、女性87・14歳となっています。しかし、この数字で安心（？）してはいけません。日本人の平均寿命は、戦後一貫して延び続けています。したがって、これからもさらに延びることが予想されます。『ライフ・シフト』にも、人口学者たちが今の子どもたちの平均寿命を推計した結果と、過去の平均寿命の推移をもとにした、次のような試算が載っています。

「端的に言えば、若い人ほど長く生きる可能性が高い。10年ごとに平均2～3年のペースで平均寿命が上昇していることを考えると、２００７年生まれの50％が到達する年齢が１０４歳なら、10年前の１９９７年生まれの人の場合、その年齢は１０１～１０２歳という計算になる。さらに10年前の１９８７年に生まれた人は、98～１００歳だ。１９７７年生まれは95～98歳、１９６７年生まれは92～96歳、１９５７年生まれは89～94歳となる」

この数字を見ると、人生は思ったよりも長いと感じるのではないでしょうか。１９５７年生まれの筆者の場合、50％の確率で90歳代前半まで生きることになります。このくだりを読んだ時は、かなりの恐怖感を覚えました。今の現役世代にとって、１００歳まで生きることは、十分可能性のある話なのです。

1

人生100年時代、なぜ80歳まで現役でいる必要があるのか

■3人に1人が高齢者の世の中になる

今、日本で100歳以上の人は、約6万8000人います。10年前と比べると約2倍、20年前と比べると約8倍も増えています。[1] この数は今後も増え続け、2030年には19万2000人、2040年には30万9000人になると予想されています。さらに、2020年時点で60歳の人が100歳を迎える2060年には48万人まで増えます。[2] 100歳まで生きることが、特別なことではなくなっていくことがよくわかります。

次に、2020年の時点で50歳の人が60歳を迎える2030年、同じく40歳の人が60歳を迎える2040年の人口構成はどうなっているでしょうか。2016年の時点では、総人口に占める65歳以上の高齢者の割合（高齢化率）は27・3%。これが、2030年には31・2%、2040年には35・3%に上昇します。[3] 今、40代、50代の人たちは、60歳以降、3人に1人が高齢者の世の中を生きていくことになります。

（1）：厚生労働省「男女別百歳以上高齢者数の年次推移」（2017年）によれば、100歳以上の人口は2017年67、824人、2007年32、295人、1997年8、491人。

（2）：国立社会保障・人口問題研究所「日本の将来推計人口」（2017年）より、出生中位（死亡中位）での推計。

（3）：国立社会保障・人口問題研究所「日本の将来推計人口」（2017年）より、出生中位（死亡中位）での推計。

■80歳まで働かないと、100歳まで生きる資金が確保できない

100歳まで生きることを想定した場合、真っ先に不安になるのが生活資金です。サラリーマンの場合、60歳で定年退職して、年金が満額受け取れるようになる65歳までは継続雇用などで働き、その後はリタイアして年金生活を送る、というのが一般的なイメージでしょう。しかし、このようなライフプランで、100歳まで生活していけるでしょうか。

総務省統計局の2017年の「家計調査報告」によれば、高齢夫婦無職世帯（夫65歳以上、妻60歳以上の夫婦のみの無職世帯）の家計収支は、収入20万9198円、支出26万3717円で、5万4519円の不足となっています。また、高齢単身無職世帯（60

歳以上の単身無職世帯）の場合、収入11万4027万円、支出15万4742円で、4万715円、やはり不足しています。無職世帯では、毎月4万〜5万円の赤字になっていることがわかります。

こうした不足分は、貯蓄を切り崩して補うことになります。月5万円が不足するとすれば、年間60万円貯蓄を切り崩すことになります。年金が支給される65歳までは継続雇用などで働くとして、65歳以降は無職で年金生活を送るとします。すると、80歳までは15年ありますから、年間60万円×15年＝900万円の貯蓄が必要ということになります。もし100歳まで生きるとすれば、年金生活は35年に延びますから、年間60万円×35年＝2100万円の貯蓄が必要になります。65歳までに2100万円の貯蓄があれば、何とか生活できるかもしれません。

ただ、ここで注意しなければいけないことは、この計算の前提となっているのが、2017年時点の家計収支だということです。この収支は、この先もずっと変わらないものといえるでしょうか。高齢無職世帯の収入は、9割以上が社会保障給付です。その中でも多くを占めるのが年金です。もし、年金支給額が将来変わるようなことがあれば、この計算は成り立たなくなってしまいます。

日本の年金制度は、現役世代が高齢者世代を支える「賦課給付」のしくみで成り立っています。少子高齢化が進む中、現役世代の負担が重くなりすぎることを防ぐため、今後、年金支給開始年齢が、65歳からさらに引き上げられる可能性があります。実際に海外では年金支給開始年齢を65歳以降に引き上げる国が増えており、日本でも検討が行われています。

一方の支出も、将来インフレが起こったり、消費税が増税されたりすれば、増やさざるを得なくなります。また、高齢化が進むことで、医療・介護保険の保険料や負担割合が増える可能性もあります。もともと年金は、物価の上昇に応じて引き上げられるものでしたが、「マクロ経済スライド」が導入されたことにより、引き上げ幅が抑制されることが考えられます。そのため、支出の増加に年金の増加が追いつかない可能性があります。したがって、2100万円の貯蓄や退職金があったとしても、決して十分とはいえないのです。

60歳で退職し、65歳まで継続雇用で働き、余生を年金で悠々自適に暮らすのは、人生が80年の時代に成り立っていた生活設計といえます。人生がさらに20年延びた人生100年時代を安心して生きるには、従来のように60歳や65歳でリタイアするのではなく、現役時代を20年延ばして、80歳までは現役で活躍できるように、意識を変える必要があります。

「そんな年齢まで現役を続けられるだろうか」と思うかもしれません。しかし、周囲を見ると、80歳になっても第一線で活躍している人は、決して少なくありません。著名人でも、加山雄三、仲代達矢、五木寛之、筒井康隆、渡辺貞夫、稲盛和夫といった人たちは、皆80代です。また、アメリカのトランプ大統領が就任したのは70歳の時です。80歳まで現役を続けることは、決して無理なことではないのです。

2 日本企業はどこまで対応できているのか

■給与が半減する定年後の再雇用

では、80歳まで働くことを前提とした場合、日本企業の現状はどうなっているでしょうか。

現在、日本では、企業の定年年齢は60歳以上と定められており、多くの企業が60歳定年を導入しています。しかし、公的年金が満額支給される65歳までは、安定した雇用をする必要があります。そこで、65歳未満の定年制を導入している企業には、①定年の引き上げ、②継続雇用制度の導入、③定年の定めの廃止、の3種類のうち、いずれかの雇用確保措置を導入することが義務づけられています。そのため、社員は希望すれば、65歳までは同じ会社やグループ会社・関連会社などで働き続けることができます。なお、希望者全員が66歳以上まで働ける企業も増えています。厚生労働省の「高年齢者の雇用状況」(２０１７年)によれば、中小企業(31~３００人規模)の6・1%、大企業(３０１人以上)では22%となっています。

3種類の制度の中で、導入率が圧倒的に高いのが継続雇用制度です。「高年齢者の雇用状況」（2017年）によれば、8割の企業がこの制度を導入しています。継続雇用制度とは、希望する社員を定年後も継続して雇用する制度で、勤務延長制度と再雇用制度とがあります。勤務延長制度は、定年に達した社員を退職させずに引き続き雇用する制度です。労働条件は原則としてそのまま引き継がれます。一方、再雇用制度は、定年に達した社員を一度退職させた後、再び雇用する制度で、労働条件は再雇用時に新たに定めることができます。そのため、再雇用制度を導入する企業が圧倒的に多いのが現状です。厚生労働省の「就労条件総合調査」（2017年）によれば、定年制を定めている企業のうち、再雇用制度のみを導入している企業は72・2％。1000人以上の企業に限れば、89・6％を占めています。

そのため、継続雇用者の賃金は、定年前と比較すると大幅にダウンする傾向にあります。独立行政法人 労働政策研究・研修機構が2014年に発表した「高年齢社員や有期契約社員の法改正後の活用状況に関する調査」によれば、継続雇用者の年間給与の水準は、定年到達時の年間給与を100とした場合、7割以下に下がる企業が全体の6割を占めており、平均は68・3となっています。特に企業規模が大きくなるほど5割以下まで下がる企業が多くなる傾向にあり、1000人以上の企業では5割以下の企業が37・1％と4割近くに達します。

また、同調査では、継続雇用者の仕事内容は「定年到達時点と同じ仕事内容」が83・8％を占めています。定年前と同じ仕事をしながら、給与は7割以下にダウンするとしたら、仕事へのモチベーションを維持するのはなかなか大変そうです。

次に、継続雇用者が実際にどの程度の年収を得ているかを見てみましょう。労働政策研究・研修機構の「高年齢者の雇用に関する調査（企業調査）」（２０１６年）によれば、回答が得られた企業の中で、最も多かったのが「３００万円以上４００万円未満」（27・1％）です。以下、「２００万円以上３００万円未満」（15・6％）、「４００万円以上５００万円未満」（15・０％）と続きます。6割近くの企業が、年収２００万円～４００万円台ということになります。平均値は３７６・７万円。中には、新卒社員の年収とさほど変わらないようなケースもあるようです。仮に長期間働くことができるとしても、継続雇用の道は厳しいと言わざるを得ません。

■定年なし・定年延長なら安心？

では、定年制のない企業や、定年が延長された企業であれば、安心と言えるでしょうか。

昨今、人手不足の影響もあり、定年制を廃止したり、あるいは定年を引き上げて65歳以上でも雇い続ける企業が増える傾向にあります。高齢になっても働き続けられることは良いことですが、定年延長の場合は、定年が来た時点でさらに高齢化しているため、転職先を探すのがますます困難になります。また、定年なしも、企業の競争力という観点からすると、一概に良いとは言えません。

定年制が廃止されたり延長されたりすれば、当然、社員の高齢化が進み、組織の新陳代謝は悪くなります。そのような企業が、変化の激しい環境に対応していくことができるでしょうか。また、若い世代にとって魅力ある企業でいられるでしょうか。

また、社員の意識の問題もあります。定年がなくなったことで、いつまでも活躍できる人はいいですが、居心地がいいから残り続ける、という人が出てくることも考えられます。

もちろん、中には高齢者であることを強みにしたビジネスモデルで成功している企業もあります。しかし、募集しても若い世代が集まらないから、といった後ろ向きな理由で定年を廃止したり延長したりする企業は、果たして将来にわたって存続できるのか、という疑問が湧いてきます。

■高齢者を雇う企業の増加

人口減少と元気な高齢者の増加を背景に、高齢者を雇う企業はこれからさらに増えてくるでしょう。これまでは、清掃・マンション管理人・工事現場の道路案内などの仕事がメインといわれていましたが、技術や接客、熟練技能、海外でのマネジメントなど高齢者ならではの豊富な経験やスキルや姿勢、「シニア資産」とも呼ぶべきものが活かされることにも注目が集まっています。

しかし、再就職の可能性が増えるのは良いことですが、雇用してもらうには、自分の能力がさびついていないことが条件になります。そのためには、50代になっても能力を磨き続けることが必要です。

■起業の環境整備

80歳まで現役で働くためには、起業も一つの選択肢です。起業のための環境整備は進んでおり、起業しやすい状況にあるといえます。起業するためには、自分のやりたいこと、やれることを、あらかじめ明確にして準備しておく必要があります。事前の準備もなく、退職後にいきなりそば屋やラーメン屋などを始めて失敗するパターンが多く見られます。起業で成功するには、会社員でいるうちから入念な準備をしておくことが大切です。

3 下りのエスカレーターに乗ってしまうタイプ

人生100年時代を迎える私たちは、ここまで述べてきた日本企業の動向も踏まえて、いかに80歳まで現役で活躍し続けるか、今から考え、準備していく必要があります。そうしないと、まえがきでも触れたように、収入は40代~50代前半で頭打ちになり、その後は下りのエスカレーターに乗るかのように急降下し、65歳で0になってしまいます。

下りのエスカレーターに乗ってしまいやすい人には、次のようなタイプがあります。

□やりたいことが不明で迷走型

自分のやりたいことがはっきりしていないため、手当たり次第にやってしまい、どれもうまくいかずに終わってしまう。

□会社の看板と自分の力を混同する錯覚型

会社のネームバリューで仕事ができていたのに、自分の力だと錯覚してしまい、自分の新たな能力を探し、伸ばそうとしない。その結果、会社を離れると誰にも相手にされなくなってしまう。

□リストラでプライドがズタズタの自信喪失型

会社からリストラされたことで、自分がそれまでやってきたことすべてに自信が持てなくなってしまう。実際には、自分自身の経験・スキルとリストラの間には直接の因果関係はないことが多いので、切り離して冷静にとらえるべき。

□出向転籍でも過去が忘れられず、上から目線の高飛車型

グループ企業などに出向・転籍になった後も、親会社にいた頃が忘れられず、〝上から目線〟で周囲に接する。そのため、職場では疎まれ、人望もない。

□自分なりの理屈を押し通し共感を得られない加齢臭型

長年の経験から、自分の考えは正しいと思い込み、周囲の意見をあまり受け入れようと

しない。自己中心的になっていることに無自覚なため、周囲と軋轢《あつれき》が生まれる理由にも気づけない。

□クビにならなければいいとぬくぬくする隠居型

「退職まであと数年だから」と、自ら動こうとせず、当たり障りなく会社生活をやり過ごそうとする。当然、職場での存在感は薄い。

このようなタイプは残念ながら多かれ少なかれ、読者の皆さんの職場にもいるのではないでしょうか？ そして、「自分はこうはなりたくない」と思っていることでしょう。しかし、恐ろしいことに、いつの日か自分もそう成り果てている可能性があるということなのです。自分では気づかないうちに、こうした「下りのエスカレーター症候群」の症状は進行してしまうのです。そして、その根本原因は、「60歳あるいは65歳でリタイアしても問題ない」という無意識の逃げにあるのです。そこには、周りにいる60歳を過ぎて80歳になっても生き生きと活躍している人々から目を逸らし、自分はそこまではできないと決めてかかり自己限定してしまっている自分がいるのです。

4 現役時代のシニアの価値は高い

■「定年なし」の前川製作所

多くの日本企業で定年や役職定年が導入されている現状を見ると、60歳前後の年齢を過ぎたシニアは、会社にとって存在価値がないのではないかと感じてしまうかもしれません。しかし、そんなことはありません。シニア社員には、シニア社員ならではの高い価値、「シニア資産」があるのです。

シニア社員の価値を認め、活かしている企業の一つに、産業用冷凍機メーカーとして世界トップクラスのシェアを持つ前川製作所があります。同社は、冷却・圧縮に関する高い技術力を活かして、熱・エネルギー、食品、バイオ、ロボット、環境、化学など、多方面に事業を展開しています。

60歳定年制は同社にも存在しています。しかし、本人の能力と働く意志、会社のニーズが合えば、再雇用で何歳まででも働くことができます。その結果、定年で辞める人は1人もおらず、実質「定年ゼロ」。日本国内で働く約2500人の社員の1割以上が60歳以上です。過去には、90代まで働き続けた人もいました。

前川製作所が「定年ゼロ」を実現できる背景には、社員の役割に関する同社独自の考え方があります。同社では、40代までを「動の時代」、50代以降を「静の時代」と位置づけています。動の時代は、現場の最前線で力を発揮します。一方、静の時代は、現場は動に任せ、豊富な経験を活かして、動の年代にできないことを手助けします。また、現場から離れることで、事業や市場を俯瞰できるようになるため、これまでに蓄積した知恵を活かして、イノベーションや新たな市場のヒントを探り当てることも、静の時代の役割として期待されています。同社は、動と静というそれぞれの役割を持った若手世代とシニア世代を組み合わせることで、時代の変化に対応した製品・サービスを実現しているのです。

■「動の時代」から「無の時代」ではなく「静の時代」を目指す

80歳まで現役で過ごすためには、前川製作所のシニアの皆さんのように、動の時代から静の時代へとうまく移行することが大切なのではないでしょうか。その一つの目安となるのは、役職定年のタイミングかもしれません。現場の第一線を退いた時に、会社の中で、あるいは社会の中で、自分をどう活かすことができるのか。そのことをできるだけ早い時期から考えておかないと、動の時代が終わった途端、何も価値を提供できない「無の時代」に突入してしまうかもしれません。

今後、若い世代の人口がますます減少していく中で、企業には、シニアの豊富な経験や知恵を活かして、業務効率をさらに高めていくことが求められます。それだけに、静の時代に活躍できる、豊富な知恵や人脈を持ったシニア社員のニーズは、より一層高まるでしょう。

また企業の側、人事部も役職定年になった途端に役割を与えきれずに、単に居場所を提供するだけの、20世紀型の社員の使い捨て発想ではなく、高齢者とともにあり高齢者の役割がある組織や社会をつくるという発想、すなわちジェロントロジー発想が、21世紀の企業責任であるとして、しっかりと考える必要があるでしょう。

この企業側の意識と高齢者側の意識の同期化が今後重要になってきます。

5 シニア資産の3つのタイプ

そんなシニアが静の時代に発揮できるシニア資産として、「シニアasイノベーター」「シニアasレジェンド」「シニアasコネクター」の3つのタイプを挙げることができます。

■シニアasイノベーター

これまでの経験で培った知恵や人脈を活かし、新たな事業を起こしたり、新たな市場を切り拓くイノベーターとして活躍します。前川製作所の静の時代は、まさにこのタイプに当たります。現場の第一線にいると、どうしても目先のビジネスに追われたり、数値責任を持った立場からくる制約があり、新規事業を立ち上げたり、あるいは社会に出て新たなビジネスを始めるといった本来期待されている価値創造に挑戦したくても、逆にしにくい状況があります。役職定年や定年などによって第一線や責任から解放されることで、イノベーターとして活躍しやすくなります。

富士通エフサスでは、役職離任後の社員に、各組織でどうしても必要ではあるが、やりきれていない職務を担当してもらえるような公募のしくみを持っています。各職場では若手がみな、客先のコンピュータの保守で忙しく駆け回っています。その裏で、本来は問題の分析や顧客ニーズの先読み、新サービスの開発などをしていかないといけないのですが、どうしても現場は目の前のことにかかりきりになります。そういう穴を埋めることができるのが、役職離任後のベテラン層だと位置づけているのです。これはまさにシニアasイノベーターの好事例でしょう。

■シニアasレジェンド

これまでの経験によって培われた暗黙知を集大成し、頼られる存在としてサービスを提供します。社内であれば、会社のナレッジベースとして経験や人脈を後進に伝えたり、過去のレガシーを未来につなぐ生き字引的な役割を担います。また、フリーランサーとなって、これまでの経験を基に社内外で専門家としてサービスを提供することもできるでしょう。

このタイプのモデルとして参考になるのが、映画『マイ・インターン』の主人公、ロバート・デ・ニーロ扮する70歳のインターン（見習い社員）、ベンです。電話帳の会社を40年勤め上げたベンは、リタイアしてしばらくは趣味や旅行など悠々自適な生活を送っていました。しかし、3年前に妻を亡くし、次第に「誰かに必要とされたい」と思うようになります。そして、ファッション通販サイトを運営する会社が募集するシニア・インターンに応募します。

その会社は、アン・ハサウェイ扮するジュールズが起業し、わずか1年半で200人以上の社員を抱える規模にまで急成長したベンチャー企業でした。ピシッとしたスーツ姿のベンは、カジュアルな格好で働く若者ばかりの社内で、初めこそ浮いた存在でしたが、何事にも謙虚かつ前向きに臨み、苦手なＩＴ機器についても積極的に学び、時にはコミュニケーションが苦手な若い同僚の相談に乗るなどして、次第に職場で頼られる存在になっていきます。40歳年下のＣＥＯ、ジュールズの下に配属されると、「上司をサポートできることは何か」を常に考えて行動することで、次第にジュールズの信頼を得ていきます。そして、会社経営と家庭生活の両方で問題を抱えるジュールズに的確なアドバイスを行い、経営者を支えるメンターやコーチのような存在になっていきます。

豊富な人生経験の中で培った知恵を活かして、経営者や職場の同僚をサポートする姿は、まさにシニアａｓレジェンドと言えるでしょう。

■シニアasコネクター

大企業で培った知恵・スキル・人脈で、より広い社会に貢献するために、所属してきた会社を離れて、中小企業、NPO・NGO、コミュニティなどで能力を発揮します。

大企業では組織や職務が細分化され、一見すると自分が貢献できる領域は限られているようにも見えます。現場の仕事は若い部下たちがやってくれるので実務から離れて久しく、現場で汗をかくような仕事はできないのではないか、と引いてしまう人も見受けられます。

大企業ではさまざまなルールや制度が整備され、効率的なシステムができており、それらを空気のように感じています。そこをもう一度自覚することで、それらが驚くほど整っていない中小企業やNPO・NGO、ベンチャーなどで、知を提供するコネクターの価値は出てくるのです。日本の大多数を占める中小規模の組織にとって、組織の活力をアップする大きな助けになるのです。

もちろん、実務能力が錆びついていたり、全体の仕事の一部しか知らない場合は補強が必要です。小さな組織では、「なんでもやる」のが原則のためです。しかしそれも、昔取った杵柄《きねづか》で、結構若い時分を思い出して楽しめるものだったりするのです。やはり人間、現場は楽しいのではないでしょうか。

このタイプのロールモデルとして、富士通を40歳で退職し、2005年から国際協力NGOセンター（JANIC）の事務局次長を務め、2017年4月より、特定非営利活動法人BHNテレコム支援協議会に勤務、同年9月より、事務局長として働く富野岳士《とみのたけし》さん（54歳、1964年生まれ）がいます。富野さんは、富士通時代に駐在したアジアで、深刻な社会問題に直面したことを機に、「富士通で得た経験を活かして国際協力に挑戦したい」と思い立ちました。現在は、富士通での経験を活かし、効率的な運営や、企業や他セクターとの連携など、NGOの総合力向上に取り組んでいます。詳細は、第2章で紹介します。

静の時代には、ここに挙げた3つのタイプのような価値を発揮することが、60代以降も現役として活躍し続けるためのカギになります。シニアとしての価値を発揮できれば、まえがきで紹介した「ライフシフトエネルギーカーブ」のように、60歳前後でエネルギーを急激にダウンさせることなく、一定の水準でキープできるようになります。

6 ライフシフトエネルギーカーブで現実を直視する

ライフシフトエネルギーカーブとは、人生の時々での仕事へ向き合うエネルギー度をイメージしたものです。主として終身雇用で働いている企業のサラリーマンをイメージして描いています。

図表1－1を見てください。多くの場合、残念ながら40代にもなると、体力がやや衰えてくると同時に、出世レースの帰趨《きすう》も大体決着がついてきます。ひと握りの出世の勝ち組以外の平均的なサラリーマンは、会社でしっかり働くものの、その目的やビジョンが薄れ始め、体力の低下とともに、エネルギー量は落ち始めます。その傾向は50代になると顕著になります。

そこに追い討ちをかけるように、多くの会社では、役職定年制も待ち構えており、運良く管理職になっていたとしても、50代半ばでは、管理職ポストから外れ、給与も70％程度になってしまいます。しかも年下の上司の下で、大した仕事も与えられずに定年まで過ごすことになります。これではさすがにエネルギー量を保つことは難しく、職場では「あの

図表1-1　ライフシフトエネルギーカーブ

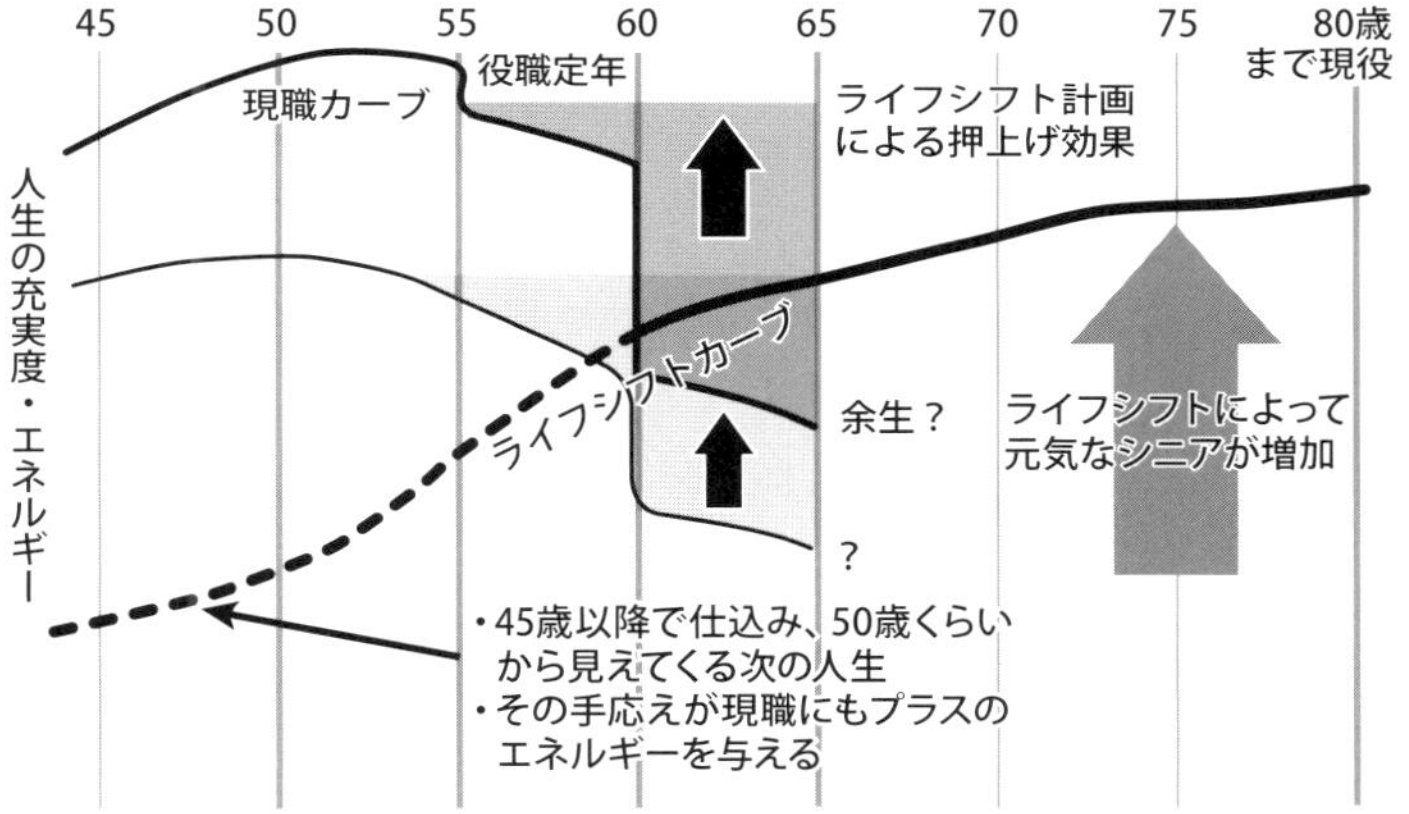

人はお飾りのようだ」と囁かれながら、大したこともできずにサラリーマン生活の最後の日まで過ごす人が増えていくのです。エネルギーはどんどんと下降線を辿《たど》っていきます。

そして迎える60歳定年。企業には定年後の再雇用が義務づけられているので、先に示したように給与が年間３００万円台に激減しても、さして意味があるとは思えない仕事でもありつくことは可能です。真面目で健康でさえあれば、65歳までは一年更新の契約で命脈を保つことはできますが、その5年で、65歳以降の自分にとってどういう価値が生まれるのでしょうか？　65歳になれば終わりです。

こういう過ごし方では、40代からの25年分のエネルギーを、結局、自分の人生を豊かにするために使えず、65歳になった時には、残ったエネルギーで何かをしようとしても、知のストックは枯れ果てているでしょう。どうにもなりません。

それゆえ、65歳以降80歳までの現役を目指さないといけないこれからの時代には、40代、50代をいかに有意義に過ごすかがポイントになるのです。エネルギー量を落とさず、今、勤めている会社や組織・職業でバリバリと働き続け、65歳以降の自分の将来を見据えつつ、そのエネルギーで新たな現役像を目指していかないといけないのです。これは、自分の人生にとってはもちろんのこと、所属する会社、一緒に働く仲間や後輩にとっても価値あることであり、必ずや「あなたがいてくれてよかった」という評判を最後に残すことになるはずです。


このように考えると、私たちは60代以降の人生の高まりを50代につくっていることがわかります。これを敷衍《ふえん》してみましょう。そうすると「人生は、前の10年で次の10年をつくる」という一定のパターンがあるといえるのではないでしょうか（図表1－2）。

つまり、20代の会社での見習い期にひたすら仕事を覚え、一人前になることで、30代で仕事を任され、自分で判断し責任を持ってさっそうと輝く自分をつくれます。その30代では、それまでの専門分野に閉じずに新たな分野の勉強を始めたり、異動を経験して守備範

図表1-2　ライフシフトサーフィン

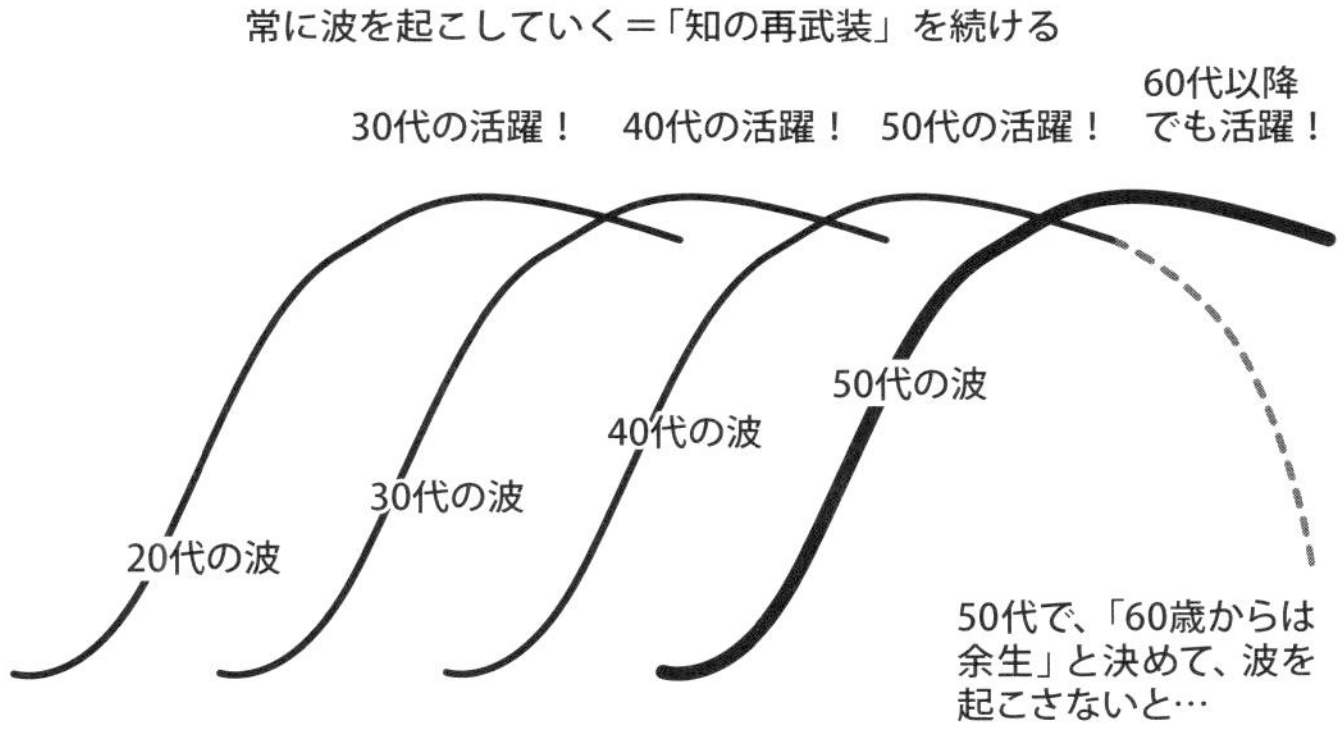

囲を広げたり、さらに徹底して、大学院（MBA）に通って知の再武装をすることで、40代には自分の強みになるスキルや土俵を構築できます。社内に閉じずに社外でも使えるプロの力がついているでしょう。当然、エネルギーレベルは停滞することなく、どんどん上昇していきます。

こうした形で、人生の波を次々と起こせる人は、社内の出世にも勝ち残っていくでしょうし、人事の運に見放されたとしても社外では価値を認められ、転職や起業のチャンスが巡ってくるはずです。

そして40代も、さらに磨き続ければ、50歳以降の経営者の道も開かれるはずです。当然、そういう生き方が身についているので、40代、50代で失速して60代で路頭に迷う人生を過ごすことはないはずです。

このように、「人生はサーフィンだ。ライフシフトサーフィンだ」と、早く気がついた人ほど、自分の生き方の中に、いつでもライフシフトを可能にするエネルギーを蓄え続けられるのです。

第2章

マルチステージ型人生への転換と3つの働き方

図表2-1　80/60時代から、100/80時代へのシフト

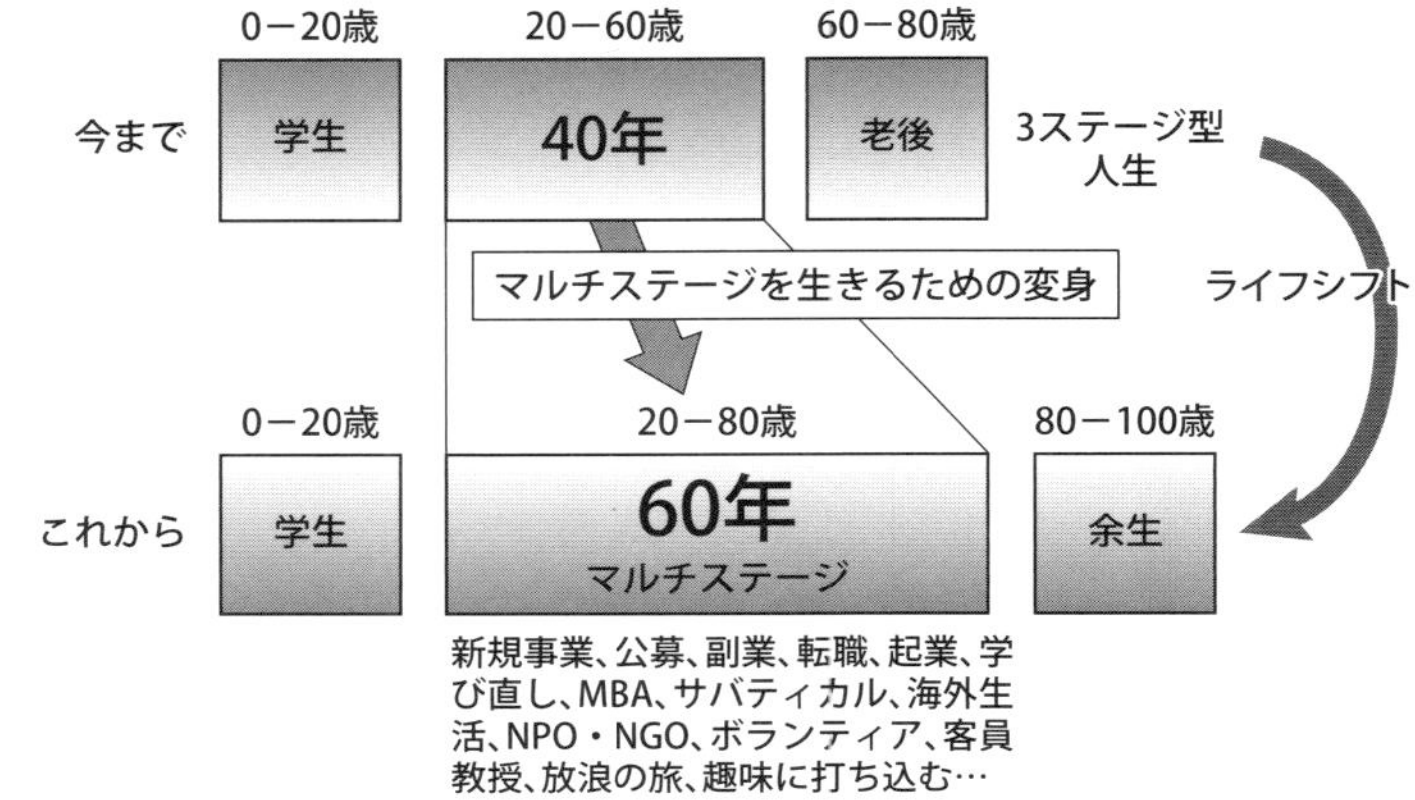

リンダ・グラットンの『ライフ・シフト』での大きなメッセージは、人生が従来型の3ステージ型から、マルチステージ型に変わっていくということです。

3ステージとは、20代までの勉強のステージ、20〜60歳までの労働のステージ、そして60歳以降80歳までの余生のステージです。人生80年の時代は、おおむねこのパターンで、学校で習った知識をもとに、主に一社に終身雇用され、60歳で定年退職し、悠々自適という理想形がありました。

しかし、人生100年になると、最後の20年間は悠々自適としても、20代で学校を出たあと、60年間もあるのです（図表2－1）。企業の寿命が20年前後といわれる中で、60年といえば3社を渡り歩くのは当たり前になる

図表2-2 80歳まで現役を保つマルチステージ型の人生パターン

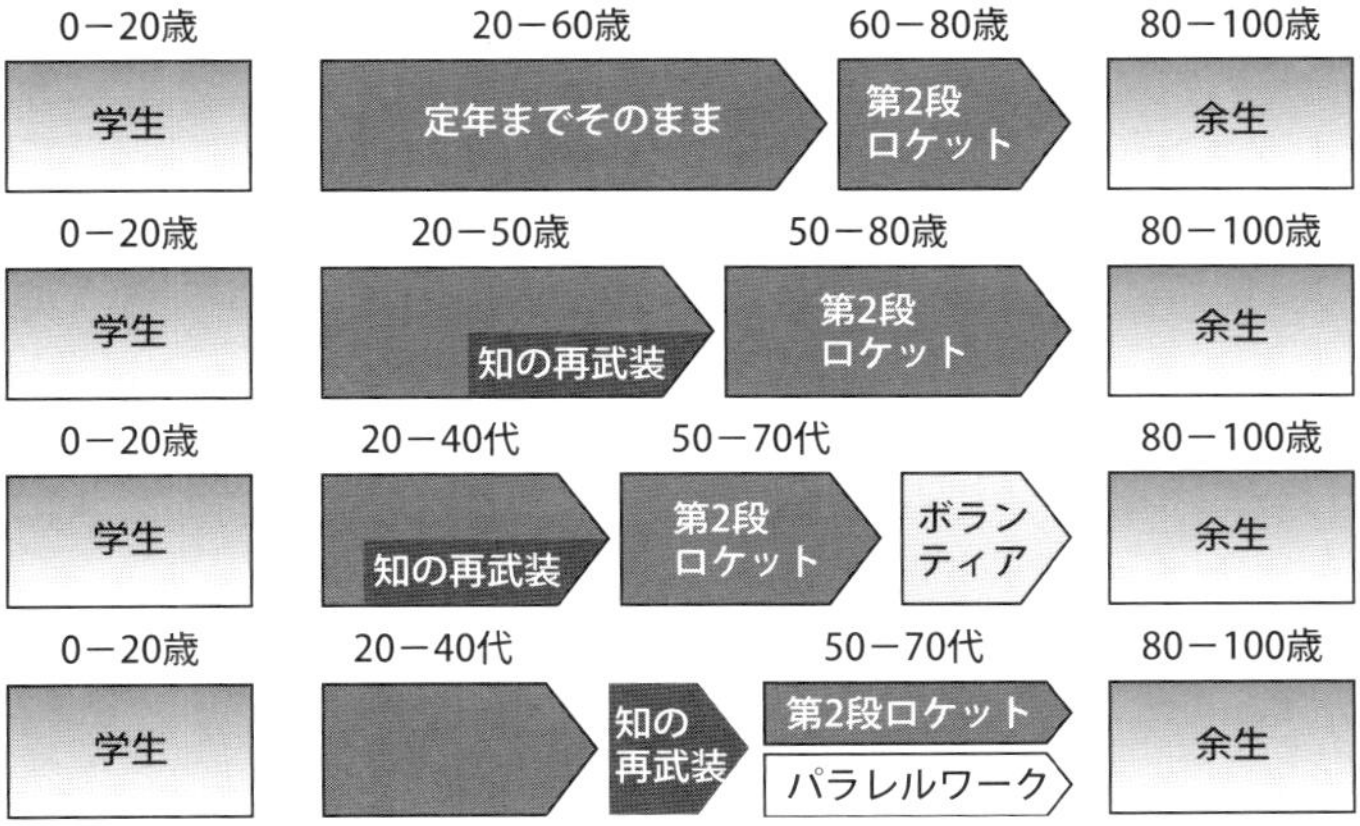

でしょう。その時にどれだけチャンスを広げられるかで、人生の豊かさも左右されてきます。

そう考えると、60年という時間は、ひたすら雇用を求めて緊張するのではなく、もっとゆったり構えて、仕事→学び直し（「知の再武装」と私はいっています）→仕事→世界を回る旅（見識を広める）→NPO・NGO（社会貢献）→資格取得→起業……などの多様なステージを設定して人生をエンジョイできるわけです。それだけの長い時間があるのです。その60年間をいろいろ試して、自分らしく生きていく。まさに「人生いろいろ」というのが、マルチステージ型の生き方なのです（図表2－2）。

1

マルチステージ型人生における3つの無形資産

マルチステージ型の人生モデルへの転換こそがライフシフトであり、また、その個々の局面で仕事や経験を見直すライフシフトを起こしていくことになります。しかしライフシフトを起こすには一定のパワーが必要なのは当然です。それをリンダ・グラットンはお金などの有形資産とは別に、無形資産として3つ挙げています。ここでは筆者なりの解釈を入れながら解説しましょう。このグラットン教授の説を筆者なりに日本の状況に置き換えた話は第4章で述べていきます。

■生産性資産

ずばり、仕事をしっかりやる力と言っていいでしょう。ビジネススキルや専門スキルは職務経験の中で身についているでしょう。それだけではなく、時間軸が長いライフシフトにおいて必要になるのは、これからの時代を見通し、世のため人のために自分を活かす場を見出すための教養、そしてデジタル社会の進展を活用できるＳＴＥＭ（Science, Technology, Engineering, Mathematics）の素養でしょう。これらの知を常にアップデート（再武装）すること。すなわち「知の連続再武装」が重要なのです。

マルチステージとは、まさに知の連続再武装を自らデザインすることにほかなりません。会社にいても兼業・副業をやったり、ＮＰＯ・ＮＧＯやボランティアを経験したり、社会人大学院でしっかりと勉強したりと、人生を幾重にも生き、常に新たな知に触れ、学び直していくことが欠かせないわけです。

■活力資産

やはり体が資本だということです。健康を維持できなくては80歳までの現役はとても無理ですし、健康寿命を延ばさなくては、１００年人生の意味がありません。そのためには健康の三大要素である、食事、睡眠をしっかりとり、運動すること。さらに遊びや趣味に打ち込んで、心のケアをすることも活力源になります。

従来型の3ステージの人生では仕事の時代のあとは余生と思ってしまい、ついつい60歳までの会社人生で無理をしてしまいがちでした。それがプライベートの時間を軽視した長時間労働を招き、バランスを欠いた食事や睡眠・運動の不足、そしてメンタルの不調につながった面が少なからずあります。

しかしマルチステージで「長期間労働」の時代には、集中して働く期間を設定する一方で、充電のために数年リラックスするという生き方が楽しめ、家族との時間やプライベートも楽しみ、自然と活力資産を蓄えやすくはなるでしょう。この切り替えが「働き方改革」です。人生を長く楽しむための活力資産形成に働き方改革を位置づけたいものです。

■変身資産

変身資産とは、自分が変わろうとするきっかけや原動力となるものです。人間誰しも一人では自分のことはわからないし、不安です。そこで、すでにライフシフトを経験したロールモデルの存在は、自分の背中を押してくれる貴重な変身資産になります。また自分を取り巻く人脈（ネットワーク）も重要で、周りから助けられたり、ご縁でビジネスが広がったり、ネットワーク内での評判がさらに人脈を広げてくれます。

資質面での変身資産もあります。明るい実験精神、何とかなるという楽観主義や成長マインドセット（Growth Mindset）が重要です。楽観主義や成長マインドセットを持てる人は、過去の修羅場体験を自覚しており、「こんなことまでやれたのだから大丈夫！」と腹をくくっている人です。

2

60歳以降の新しい生き方は50代から始まる

■マルチステージ対応の3つの働き方

人生100年時代は、これまでのような「定年退職となる60歳（あるいは継続雇用される65歳）まで、とにかく会社に居続ければ何とかなる」という意識では、その後の人生を乗り切ることはできません。こうした「会社中心」の人生計画から抜け出し、自分自身でその先の生き方を考え、80歳まで現役を目指す「自分中心」の人生計画に切り替える、すなわちライフシフトをする必要があります。では、どのようにシフトすればよいでしょうか。

『ライフ・シフト』では、先に述べたように従来の「教育→仕事→引退」という3ステー

図表2-3　ライフシフトの3つのタイプ

ライフシフトのタイプ	特徴	イメージ
エクスプローラー	世界に目を向け、さまざまな機会を活用して自分の人生を拓き、エンジョイしていく生き方	30代後半から40代で、転職や海外勤務を経験したり、ビジネススクールで勉強。50代では、NPO・NGOでのボランティアも傍らに行い、60代では定年後、海外で中小企業の海外展開を手伝うなり、自ら念願の起業を果たす
インディペンデント・プロデューサー	組織に雇われずに、個人事業でコツコツと専門性を究めていく生き方	コンサルタント、アドバイザー、顧問、専門家、デザイナーなど、クライアントを複数持って、独自の価値提供。3Dプリンターの活用で、メーカーズ的な存在も可能に。シェアリングエコノミーも追い風
ポートフォリオ・ワーカー	複数の仕事や社会活動、教育、勉強、趣味などに同時並行で携わる生き方	複業家といった表現でマルチプレーヤーが登場してきている。いろいろな仕事や社会活動、教育、勉強、趣味など多彩に組み合わせながら幕の内弁当的なバラエティ豊かな生き方

ジの生き方は終わりを迎え、人々は長い人生の中でより多くのステージを経験するようになることが示されています。そして、新たな選択肢として、「エクスプローラー（探検者）」「インディペンデント・プロデューサー（独立生産者）」「ポートフォリオ・ワーカー」という3つのタイプを提示しています（図表2－3）。

ここでは、それぞれのタイプについて、リンダ・グラットンの解説を改めて紹介した上で、日本の環境に置き換えて、80歳までどう現役を続けるかについて考えます。

■エクスプローラー

エクスプローラー（探検者）は、世界に目を向け、さまざまな機会を活用して自分の人生を拓き、エンジョイしていく生き方です。『ライフ・シフト』では、選択肢を狭めずに幅広い針路を検討する生き方として位置づけられています。自分を日常生活から切り離し、新しい経験を積んだり、新しい町に移ったり、旅をしたり……。そのような経験を、高温で金属を溶かして新しい物質を生成する「るつぼ」にたとえて、「るつぼ」の経験と呼んでいます。

長い人生には変化と変身がつきものですが、そのために重要な「変身資産」の形成が、この経験をすると促進されると示されています。このような異次元の生活体験を積むことによって、新たな人たちと出会い、より多様な見方や視界を得て、それらを通じて新たな世界観を手に入れ、そして新しい自分を発見します。このようなことは人生80年、60歳で定年の時代にはなかなか難しいものでした。人生に余裕がなかったのです。

こうした生き方によって、その人の人間性を形づくる経験を積むことができ、瞬時に本質をつかむ直観力が鍛えられます。他人の立場に立ってものを考える共感力も養われるでしょう。

エクスプローラーとして生きるのにとりわけ適した時期として、18~30歳ぐらい、40代半ば、70~80歳ぐらいの3つが挙げられています。「これらの時期は人生の転機になりやすく、エクスプローラーのステージを経験することが明確な効果を生みやすい。現状を再認識し、自分の持っている選択肢について理解を深め、みずからの信念と価値観について深く考える時間にできる」（『ライフ・シフト』より）ためです。

例えば、『ライフ・シフト』に登場する架空の人物の1人、1971年生まれのジミーは、40代半ばになり、それまでの人生設計ではのちの人生を支えられないことに気づき、エクスプローラーになる。具体的には2つのシナリオが描かれ、一つは、会社に在籍しつつ自主的にスキル向上のための研修プログラムを受け始め、次の転職への足掛かりにします。もう一つは、やはり会社に在籍しながら、起業に向けた準備を始め、地元の起業家クラブに加わって知人を増やしたり、会計とマーケティングのオンライン講座を受講して知識を習得したりするのです。

エクスプローラーを日本のサラリーマンに置き換えると、30代後半から40代で、転職や海外勤務を経験したり、ビジネススクールで勉強。40代で社内での大きなプロジェクトに挑戦し、自分なりの価値観と実績を確立。50代では、NPO・NGOでのボランティアも傍らに行い、60代では定年後、海外で中小企業の海外展開を手伝うなり、自ら念願の起業を果たすなどが考えられます。さまざまな経験を通して、自らの志を見出し、居場所を探り当てていくようなタイプといえるでしょう。

■インディペンデント・プロデューサー

インディペンデント・プロデューサー（独立生産者）は、組織に雇われずに、個人事業でコツコツと専門性を究めていく生き方です。

『ライフ・シフト』では、「起業家」と異なり、自由と柔軟性を重んじて小さなビジネスを起こす生き方として位置づけられています。すなわち、永続的な企業をつくったり、事業を成長させて売却したりして成功することよりも、ビジネスの活動自体を目的としています。

「企業体を築き、金銭的資産を蓄えることより、組織に雇われずに独立した立場で生産的な活動に携わるためにまとまった時間を費やすことが大きな意味を持つ」（『ライフ・シフト』）のです。したがって、「有形の資産はあまり築けないが、無形の資産を充実させることができ」ます。「背負っているものが比較的少ないので、たとえ失敗しても深刻な結果に見舞われずに済む」というメリットもあります。

シニア世代が「組織に属さず主体的に働くことは、ライフスタイルを維持し、同時に『生産性資産』と『活力資産』を支えるための有効な方法」とされています。

インディペンデント・プロデューサーを日本のサラリーマンに置き換えると、会社にいる間に専門性を身につけ、それをベースにプロとして自立していく生き方といえます。自分のブランドを持ってフリーランサーとして活躍するタイプです。インターネットをはじめとしたデジタル技術の進展やクラウドソーシングやシェアリングエコノミー、3Dプリンターなどは追い風になります。

このタイプは、特にシニア世代が組織に属さず、独立して主体的に働き、自分らしいライフスタイルを維持し、同時に金銭面と健康、社会とのつながりを支えるために効果的な方法でしょう。また趣味が豊かでこだわりの価値を提供したいと思う女性の独立もこのやり方が合っているようにも思えます。

■ポートフォリオ・ワーカー

ポートフォリオ・ワーカーは、複数の仕事や社会活動、教育、勉強、趣味などに同時並行で携わる生き方です。リンダ・グラットンは『ライフ・シフト』で、「この生き方にとりわけ魅力を感じるのは、既に人生の土台を築いた人たちだろう」と述べています。「スキルと人的ネットワークの土台が確立できている」ため、「以下の三つの側面のバランスが取れたポートフォリオを築くようになる」といいます。

「一つは、支出をまかない、貯蓄を増やすこと。もう一つは、過去の経歴とつながりがあり、評判と知的刺激を維持できるパートタイムの役割を担うこと。そして最後の一つは、新しいことを学び、やり甲斐を感じられるような役割を新たに担うことだ。

したがって、この人生のステージでは、いくつもの動機に突き動かされて生きることになる。金銭的資産を増やすことも動機の一つになるし、人生のさまざまな可能性を探索することも動機の一つになる。活力と刺激を得ることや、学習すること、それに社会に貢献することも動機になる」（『ライフ・シフト』）

「長く生きていると、どうしても過去の繰り返しになり、退屈を感じかねない」、そんなシニア世代にとって、「多様な活動に携われるポートフォリオ・ワーカーのステージがいっそう魅力的に見えて」きます。しかし、「実際にこのステージへ移行するのは難しい」とされています。理由は、「長く生きる間に一定の行動パターンが染みついてしまうこと」です。「フルタイムで雇用されて働いていた人がポートフォリオ・ワーカーに移行しようと思えば、頭の働かせ方と仕事の仕方を状況ごとに柔軟に切り替える能力をもたなくては」なりません。

グラットンによれば、シニア世代がポートフォリオ・ワーカーへの移行に成功するためには、「早い段階で準備に取りかかり、フルタイムの職についているうちに、小規模なプロジェクトを通じて実験を始める」ことが重要です。そして、「興味をもてそうなプロジェクトを試しに実行し、自分がなりたいポートフォリオ・ワーカーのロールモデルを見つけ、社内中心の人的ネットワークを社外の多様なネットワークに変えていく」のです。

「人的ネットワークを広げ、さまざまな分野の人たちと関わり、業種を移っても活用できて評価されやすいスキルと評判を身につけなくてはならない。広い領域でアピールできるスキルと業績を築くことは、ポートフォリオ・ワーカーのステージへの準備として不可欠だ。それを欠けば、フルタイムの雇用からの移行は、期待はずれの結果に終わるだろう」

また、ポートフォリオ・ワーカーにとって難しい問題の一つとして、非効率性から逃れられないことを挙げています。

「さまざまな活動に同時並行で携わる人は、刺激と興奮を味わえる反面、『規模の経済』の恩恵に浴せない。（中略）ある活動から別の活動に移るたびに大きな切り替えコストが発生する。その都度、思考様式と活動する場所を変えなくてはならない」

切り替えコストを減らす方法として、「互いに関連のあるスキルと能力が要求される活動を選ぶこと」「時間を細切れにせず、大きくまとめる」ことの二つを挙げています。

これらの指摘は、日本のサラリーマンがポートフォリオ・ワーカーを目指す上でも同じだといえます。日本でも、複業家といわれるようなマルチプレーヤーが登場してきていまず。いろいろな仕事や社会活動、教育、勉強、趣味など多彩に組み合わせながら幕の内弁当的なバラエティ豊かな生き方をしているタイプです。筆者自身はコンサルティング企業勤務、大学教員、執筆業、ベンチャー企業経営など、だんだんとポートフォリオ・ワーカー化しているように思います。

これら三つに共通するのは、イヤイヤ社員としてぶら下がって賞味期限切れになるのとは正反対の生き方であることです。会社の中で内向きになるのではなく、自分らしさを追い求め、積極的にライフスタイルを模索している姿なのです。このマインドを称して、筆者は「一人事業主スタイル」と言っています。最後は人間、みな一匹狼。その喜びを味わうべきなのだと思います。

3

60歳までの過ごし方の2つのパターン

先に紹介した3つの働き方、生き方は、60歳になって会社を退職したタイミングで始めようと思っても、なかなか難しいものです。遅くとも50代のうちから、できれば40代半ばからの準備が必要です。準備の仕方としては、次のような2つの方法があります。

□60歳まで粘ってジャンプ型

一つは、60歳まで会社に留まり、職場で自分がもう一度輝ける居場所を探し、価値を生み出す方法です。この居場所探しは、ただ会社のためだけに一生懸命働くのではなく、あくまでも第二の人生をつかむための準備を意識しなければなりません。第1章で紹介したように、イノベーターとして、第一線にいる時は制約があってできなかった価値創造に挑戦したり、あるいはレジェンドとして頼られる存在になるなど、会社での活躍を通して固有のスキルを確立していきます。その過程で、自分のやりたいことが早めに見つかれば、定年を待たずに転職や起業をしてもいいでしょう。

□50代から転職・起業・独立型

もう一つは、会社員のかたわら兼業や副業に取り組み、経験を積むことで自分のレピュテーション（評判）や専門分野を構築していく方法です。そして、適職が見つかれば、早めに転職・起業・独立し、自分の道を切り拓きます。

これまでの社会人人生をずっと会社員として過ごしてきた人にとっては50代からの起業や独立は特にハードルが高いと感じるかもしれません。特に不安に感じるのは収入面でしょう。確かに社員並みに月々一定の収入を得ることは難しいかもしれません。ただ、独立すれば、仕事のやり方は自由です。例えば、個人事業主として仕事を請け負う一方で、パートタイムで、あるいは派遣社員として会社に勤務することも可能です。また、請け負う一つひとつの仕事は小さくても、それを数多くこなすことができれば、収入源が分散され、ある程度安定した収入を実現できます。月3万円の仕事でも10個請け負えば、月30万円の収入になります。

独立後のもう一つの不安として挙げられるのが営業です。これについては、インターネットを使った営業も可能ですし、フリーランサーがスキルを登録することで、それに適した仕事を斡旋《あっせん》してくれるサービスも登場しています。以前よりも、独立しやすい環境にあるといえます。

転職先としては、地方の中小企業も候補として挙げられます。昨今、後継者不在や人手不足などの課題を抱える中小企業が増えています。そうした企業では、ベテランのノウハウが求められているものです。収入は多少下がってしまうかもしれませんが、自分のスキルを活かすことができ、また定年が遅い、あるいはない企業も少なくなく、大手企業よりも長く活躍できる可能性があります。

中小企業はまた、ジャンプ台でもあります。中小企業では、大企業とは異なり、一人で多くの仕事をこなす必要があります。それは、自分の枠を広げ、現実と向き合う覚悟を鍛えてくれることになりますし、社会のニーズを肌で感じることにもなるはずです。そうした経験や思いは、独立したり起業したりする際の貴重なベースとなるのです。中小企業での勤務経験を経ると、起業や独立が視界に入ってくるのです。

また、NPO・NGOに参画し、ソーシャルイノベーターとして社会に貢献するのも一つの方法です。中小企業と同様に、大手企業で培われたビジネスのスキルや経験を求めているNPO・NGOは少なくありません。

活躍の場を海外に求めるのもいいでしょう。海外には、日本の知恵を求めている企業が少なくありません。海外駐在の経験がある人なら、日本企業の海外進出をサポートすることも考えられます。

一度限りの人生です。思い切って自分の夢にチャレンジしてみるのはどうでしょうか。いろいろな不安や直近の収入減を受け入れがたい。そんな気持ちや現実はあるでしょう。しかし、80歳までの現役人生を考えた場合、やりがい、生きがいを長い目で見てしっかり考え、早くから助走し、軸足を切り替える勇気が必要です。若い時に自分はやりたくても、会社や家庭の事情でできなかったり、やらなければいけないことが多くて手をつけられなかったりしたことがなかったでしょうか。その夢を、もう一度思い出してみてください。もし、今でも時代に合っているのであれば、それを実現するための準備を今から始めましょう。ライフシフトには「花より団子」の逆が大切なのです。

4
Will・Can・MustからWill・Can・Createへ

「Will・Can・Must」というフレームワークをご存じでしょうか。私たちが意欲的に仕

図表2-4 「Will・Can・Must」から「Will・Can・Create」へ

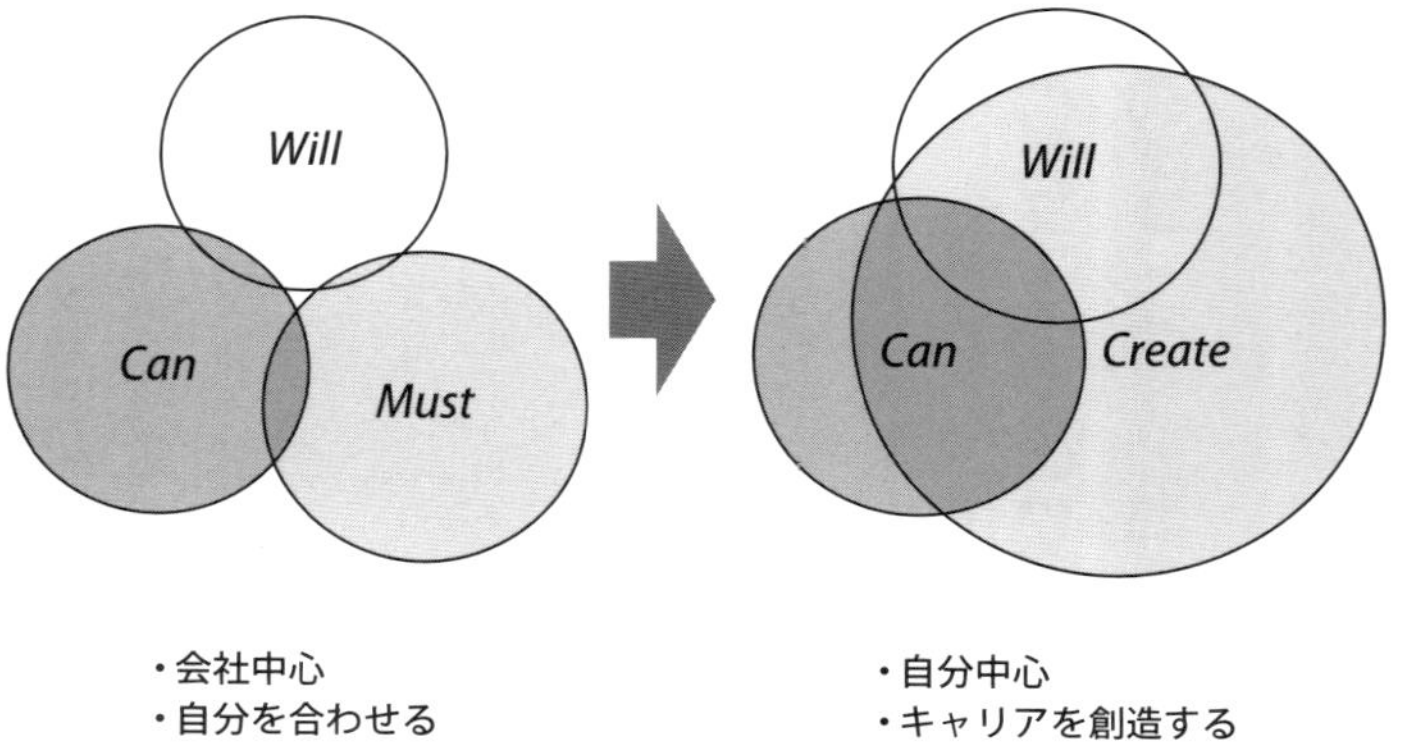

事をするには、この3つのマッチングが必要だといわれています（図表2－4）。

Will…やりたいこと（意志）

Can…やれること（能力）

Must…やらなくてはいけないこと（仕事）

この3つが重なると、まさに適材適所であり、本人のモチベーションは最も高まります。しかし、会社の中にいると、この3つが重なることはなかなかありません。たいてい、まずMustがあり、そこにWillやCanを寄せていくことが多いのではないでしょうか。そのために、上司から説得されて自分を納得させたり、必要な能力開発に取り組んだりしながら、MustにWillやCanを近づけていく努力をするわけです。

しかし、ライフシフトにおいては、Mustは与えられません。中心に置くべきはWillとCanです。自分がやりたいこと、実現したい夢は何か。これまでの職業人生を振り返り、自分にできることは何か。その2つを結びつけたら、どのような仕事が提供できるか。自分のWillとCanに基づいて、自分の仕事を生み出すこと（Create）が重要になります。

自分の仕事をCreateするためには、40代・50代をいかに有効活用するかがカギとなります。早期の気づき、早期の決断、そして多くの経験が、Willの強化やCanの拡大につながり、その後の人生を豊かにするのです。

ここでは、そのためのヒントとして、「社会関係資本」と「MBB（Management by Belief：「思い」のマネジメント）」を紹介します。

5 Canの拡大に役立つ「社会関係資本」

Canの拡大に役立つのが、社会関係資本（ソーシャル・キャピタル）です。社会関係資本とは、他者とのつながりや信頼関係の充実度合いを表す言葉です。ライフシフトを実現する上で、自分の能力を伸ばすことはもちろん大切ですが、自分一人でできることには限りがあります。しかし、さまざまな人との結びつきがあれば、その人の協力（＝外部能力）を得ることで、できることは拡大します。

社会関係資本に関して、注目したいキーワードが「弱い紐帯《ちゅうたい》理論」と「6次の隔たり」です。

弱い紐帯理論は、社会的なつながりが強い（＝強い紐帯）人々よりも、つながりが弱い（＝弱い紐帯）人々の方が有益な情報や気づきをもたらしてくれるという説です。米国の社会学者、マーク・グラノヴェッターが1973年に発表しました。

家族や同じ組織の仲間など、社会的なつながりが強い人々は、いつも同じ環境で過ごし、同じ価値観を持っているため、持っている情報も同じになりがちです。それに対して、社会的つながりの弱い人々は、自分とは異なる環境にいて、異なる価値観を持っているため、自分の知らない情報を持っている可能性が高くなります。同じ職場や社内の人たちとばかり付き合うのではなく、別の職場や社外の人たちとも付き合った方が、知らない情報を得やすく、また偶然の出会いも生まれやすく自分の世界をより広げることに役立ちます。

6次の隔たり（Six Degrees of Separation）は、自分の知人、その知人の知人……と関係をたどっていくと、だいたい6人目で世界中の人とつながるという説です。米国の社会心理学者、スタンレー・ミルグラムが1967年に行った「スモールワールド実験」で検証しました。SNSの時代になり、この隔たりはさらに縮まっているようです。フェイスブックが2016年に15億9000万人のアクティブユーザーを対象に調査したところ、平均約3・5人を介せば誰とでもつながっていることがわかりました。世界は広そうに見えて、意外と狭いことがわかります。

2つの理論からわかることは、私たちは、実はたくさんの多様な人たちと弱くつながることができ、そのつながりを活かすことで、自らの可能性をより高めることができるということです。

会社の中にいると、社内での関係が中心になってしまい、こうしたゆるやかなつながりの大切さになかなか気づけないものです。また、社外の人との関係も、会社の看板を通したつながりになりがちです。しかし、そのようなつながりは、会社を辞めると同時に途切れてしまいます。会社の看板としての顔は、あなたの本当の顔ではないのです。しかし、会社の看板をはずして本当の顔をさらけ出すのが怖くて動けない人、この怖さを自覚しないで安心してしまっている人が少なくありません。会社の看板をはずし、一個人として世の中に出てみると、世間の厳しさを感じる一方で、温かさも感じることができます。

弱いつながりは、つくろうと思ってもすぐにできるものではありません。会社に所属している段階から、意識して弱いつながりを増やし、社会関係資本を充実させていきましょう。

6 「MBB」でWillを見つける

■MBBとは自分の思いをベースにした仕事との向き合い方

「WillやCreateといわれても、自分がやりたいことが何なのかわからない」という人もいるでしょう。そういう人にお勧めしたいのがMBB（Management by Belief：「思い」のマネジメント）です。

ライフシフトを実現するには、「自分の人生を悔いのないものにするには、どうすればいいのか」「現役人生をどのようにして終わりたいのか」といった自分の「思い」を見つけることが大切です。思いがなければ、Willは出ず、仕事のCreateもできません。あなたの思いに共感して、周囲の人々は集まってきます。

ＭＢＢとは、自分の思いをベースにした仕事との向き合い方です。主体的な思いを持つことで、私たちは仕事を思いの観点から意味づけする存在になれます。仕事に対して、思いを込めて自分ごととして捉え直し、向き合うことが始まります。そうすることで、仕事は受動的にやるものではなく、自分の人生を賭けた仕事、一流を目指す対象としての仕事になっていくでしょう。

筆者は一橋大学の野中郁次郎名誉教授と一條和生教授と共に、ＭＢＢを提唱しており、以下のように定義しています。

・内省（セルフコーチング）によって自分自身の思いを明確化し、
・相互（タテ・ヨコ・ナナメ）に対話することで、自分の志にまで高め、
・単なる数値目標の上意下達に圧迫されたり、意志なく流されて仕事をするのではなく、
・自分の思いを込めた仕事の目的を見出し、高い目標を掲げて、
・チームの高い志を紡《つむ》ぎ出しながら、よい仕事をしていく
・自走自律の職場づくりのためのマネジメントとコミュニケーションのしくみ

自分の思いをベースに仕事と向き合うためには、思いをマネジメントし、力強い思いを

育てることが重要です。思いはマネジメントして初めてカタチになり、個人のパワーになるのです。

ただし、思いは下手をすれば、我であり、思い込み、固執のもとにもなります。人の言うことを聞かない小さな自分の殻にもなってしまいかねません。また、思いが強すぎて、客観的論理的裏づけを無視したり、ドグマになったりすれば、周りが迷惑し、リスクが高まります。良い思い、高貴な思いが重要です。それゆえ、思いとは「正当化された真なる信念（Justified true belief）」ともいえ、高質な思いであることが大切です。

■高質な思いを持つためのカギ：共通善、実践知、教養

思いを夢物語や独善的なもので終わらせないためには、思いが他の人との議論を通じて共有できるものなのかを確認し、その質を高めていく必要があります。思いを共有化、高質化するためのカギとなるのが「共通善」「実践知」「教養」です。

思いを持って仕事をすると言っても、自分の中で考えているだけでは、それが本当に正しい思いなのか、現代に必要とされている思いなのかわかりません。単なる思い込みや独りよがりに堕してしまう危険があります。そのため、常に、「自分の思いを実行に移すと

本当に多くの人々が幸せになるのだろうか」という「共通善」の観点でチェックする必要があります。

共通善というと、ビジネスとは対極のコンセプトのように思えるかもしれません。しかし、共通善とは「より大きなニーズ」を狙うことだと解釈することができます。つまり社会で起きている問題（たとえば、環境問題、エネルギー問題、高齢化社会問題（ジェロントロジー）、少子化問題、日本のイノベーション力の低下問題、食料自給率や食料廃棄の問題……）に対して、どのように自分の思いはつながっているのか、自分の思いを込めたビジネスや仕事を通じてそれらにどう向き合い、解決や支援をしていこうと自分はしているか……。

このような思考方法を通して共通善を射程に入れ、自分の行為がそれをどう実現するのかを意識することが重要です。社会の大きなニーズを捉えられる大きな視野、高い志の視点と言ってもいいでしょう。自分が仕事をするベースとなる思いが、このような思いなのかどうか、ぜひ考えてみてください。

思いをベースに働く時、共通善は北極星のように私たちの針路を示してくれます。しかし、そこに至る道のりは前人未踏のものですから、当然、試行錯誤を迫られます。その時に大切なのが実践知です。実践知とは、都度の状況に応じて適切な判断をタイムリーに行い、実行する知恵のことです。実践の中から「何が正しいのか」「これではダメだ」と本質を導き出す努力をし、実感値、直観で経路を正していかなければなりません。実践経験のただ中から知を紡ぎ出しつつも、自分の理想とする共通善へ向かって目線を上げながら現実と闘っていくのです。

ただし、実践知で最適に判断すると言っても、すべてを実践経験から導くわけにはいきません。岐路に差し掛かった時、勇気や賭けで判断する要素も高まりますが、それらだけでは痛手を負う確率が高すぎます。そこで手がかりにしたいのが先人の知恵、すなわち教養です。歴史の風雪に耐えた人類の知的資産から、より最適な判断につなげていくことができます。教養は、個人的な経験に基づく各自の実践知を、さらに豊かなものにしてくれるのです。

共通善の意識と、それを自分の思いにつなぎとめる実践知と教養。これらの要素によって私たちの個人的な思いを、より高質なものへと昇華させていくことができます。このことは、私がライフシフトに対して抱いている問題意識でもあります。ライフシフトとは単なる再就職先探しや80歳までの生活費の捻出、ボケ防止ではないのです。今、日本が直面している高齢化、少子化社会におけるライフシフトの本当の意義は、これからの社会の主流を形成せざるを得ない高齢者層が、これからの日本をつくる存在としてどのように積極的に関わっていくのか、という点なのです。

数でも、今までの日本を支えてきた経験の面でも、日本の行く末のカギを握るべき高齢者が、高質な思いを持って、自分の生き方を創造し、社会と向き合っていくことが何よりも大事なのではないでしょうか。そして高質なライフシフトをすることで、あとに続く30代、40代の人たちにも人生の夢を感じてもらい、明るい未来の創造へ向けた前進を続けてほしいと思います。

筆者も含めた60代以上の世代は日本の成長を支えてきた自負があると思います。大量生産・大量消費・大量廃棄で日本を豊かにする経済的価値での貢献は大いにしてきたでしょう。しかし、人間としての美徳を社会から受け継ぎ、発展させ、継承できる存在であったでしょうか。ポジティブ心理学のマーティン・セリグマンらは、6つの美徳を挙げています。

- **知恵と知識**
- **勇気**
- **愛と人間性**
- **正義**

・節制

・精神性と超越性

こういった美徳についての指針を個人の生き方の中に埋め込み、実践しているでしょうか。ライフシフトを考える時に、これまであくせくと経済人として働いてきた生き方を、共通善の意識を持った生き方へ変えていくことは、このような人生の哲学を自らの中で再構築する意味もあると思います。

そういう意味で、本書で解説するライフシフトや、そのツールはMBBとセットと言っても過言ではありません。MBBは第5章で述べるライフシフトツールのベースを形成するものでもありますので、詳しくは、『MBB：「思い」のマネジメント』と『MBB：「思い」のマネジメント　実践ハンドブック』（いずれも東洋経済新報社）をご一読ください。

真の意味でのライフシフトを行うためには、このような大きな思いを持つことが大切です。単に目先の利益や楽な生き方を求めるのではなく、自分の人生や家族の幸せ、さらにはお世話になった周りの人々のことを考え、ハリのある、他人から感謝してもらえる人生を送りたいという思いを描き、その思いに向かって自分をマネジメントしていくことが重要です。人生はいつも忙しいものです。次から次にやらなくてはいけないことや、やりたいことが出てきます。そういう中で、日々のことに追われていたり、刹那的に対処しているようでは、大きな思いは育めません。

第5章で、社会関係資本の形成とMBBによる思いのマネジメントの手法をベースにした、実践ライフシフトフレームワークをご紹介します。

本書では、ライフシフトの3つのパターンである「エクスプローラー」、「インディペンデント・プロデューサー」そして「ポートフォリオ・ワーカー」のそれぞれにおいてライフシフトに挑戦している方々を紹介します。みなさんのストーリーから、それぞれの成功のコツを垣間見ることができます。

はじめにエクスプローラー型人生でライフシフトした3人を紹介します。

エクスプローラー
事例1

常に探究心を持って仕事に臨み、自身の可能性を広げる

ニュー・フロンティア・キャピタル・マネジメント社長　軒野《けんの》仁孝《よしたか》さん

「履歴書に経歴を積み重ねていけるような仕事をせよ」

ライフシフトを成功させる一つのカギは、さまざまな仕事に対して、常に探究心を持って臨み、自分にできる仕事の領域を広げていくことです。仕事に探究心を持って臨むということは、自分が所属する会社の枠組みにとらわれずに、社会的な視点から、その仕事の持つ本質的な価値を追求することです。その努力を積み重ねることによって、今いる会社を離れても、転職や独立起業などで仕事を続けていける可能性が高まります。そのロールモデルの一人が、軒野仁孝さん（59歳、1959年生まれ）です。

軒野さんは大学で電子工学を専攻し、1982年、富士ゼロックスに入社します。ネットワーク技術者としてキャリアをスタートし、事業企画や戦略企画などの担当、関連事業会社の社長などを経て、43歳で退職。その後、四つの会社で社長や副社長を歴任します。

現在は、出資先ファンド運営会社の経営管理・業務サポートなどを手がけるニュー・フロンティア・キャピタル・マネジメントの代表取締役社長（CEO）を務めています。

技術者から事業開発担当、そしてプロ経営者へと自身の領域を広げてきた軒野さん。そのキャリアを辿りながら、ターニングポイントに注目してみましょう。

軒野さんは富士ゼロックス入社後、システム事業部に配属され、当時最先端だったワークステーション（従来の大型コンピュータに替わる、高性能な小型コンピュータ）を日本国内に導入する業務を担当します。当時、同社ではコピー機以外のビジネスを拡大するために、外部の人材を多数採用していました。システム事業部の部長もその一人でした。軒野さんが部長から配属早々言われたのが、次のような言葉でした。

「履歴書に経歴を積み重ねていけるような仕事をしないとだめだよ」

それ以来、常に視野を会社の外に向け、会社内でしか通用しない仕事は避け、より普遍的な仕事をするように心がけてきたそうです。

「ラッキーだったのは、職場が実力主義で自由な気風だったことです。そのため、配属されて半年後に部長に直談判し、自分の裁量で仕事ができるようにしてもらいました。最先端の技術を扱っていたので、毎日が勉強でしたし、ＩＢＭなど外部の企業との関わりも多く、そうした社外の人々との付き合いからも多くを学びました」

もともと探究心旺盛だった軒野さんは、会社の枠に縛られずに最先端技術の知見を貪欲に吸収し、「もっと面白いことをやろう」と、新しい事業の企画などを次から次へと立案していきました。

経営も個人も「知識の優劣が利益になる」

1990年頃になると、オフィスにデジタル化の波が押し寄せ、富士ゼロックスでもビジネスのデジタル化の機運が高まります。そんな中、デジタル化の要となるネットワークの研究をしていた軒野さんに本社から声が掛かり、事業戦略や経営計画の立案を担当することになります。

「毎週開かれる中期戦略検討会に提案する企画を隔週で担当しました。企画を通すためには、経営陣の反論にも答えられないといけませんから、『このことについて自分以上にわかっている人間はこの世にいない』と思えるくらい徹底的な下調べをして、前日は徹夜で資料を作っていました。これを5年ぐらい続けたおかげで、事業計画の作り方やプレゼンのコツなどが身につきました。また、企画が通ると、社内外の人材とプロジェクトを組んで具体化します。当時は会社の一大変革期でしたから、毎年のように違うテーマに取り組み、知識も人脈もさらに広がっていきました」

当時、知識創造理論で知られる野中郁次郎氏（現・一橋大学名誉教授）と接する機会があり、「企業の優劣はその企業が生み出す知識の総和」という言葉に感銘を受けるとともに、それは経営だけでなく個人も一緒だと感じたそうです。

こうして事業や経営に関する知識を習得した軒野さんは、サイバー事業部長としてプリント・オン・デマンド（注文に応じて1冊から印刷するサービス）などの事業を立ち上げて成功させます。次に就任したテクナレッジマネジメントオフィス部では、利益が出ていない技術を利益化するために3つの子会社を立ち上げ、そのうちの1社であるコンテンツワークスに出向し社長に就任。インターネットによるオンデマンドパブリッシング事業を確立します。

3年の出向期間を経て富士ゼロックスに戻るつもりでしたが、2001年に富士ゼロックスが富士写真フイルムの連結子会社となったことを機に、「経営権のない会社では、これまでのような自由な事業活動はできない」と考え、富士ゼロックスを退職します。

2003年、ランダムハウス講談社が設立され、代表取締役CEOに就任、早期の黒字化を実現します。その後ポラリス・キャピタル・グループが買収した、九州を中心にドラッグストアを展開するドラッグイレブン・ホールディングスの副社長に就任。さらに、企業の経営再建を支援するAFGコンサルティング副社長、その支援先である青山ブックセンター社長などを歴任していきます。

経営管理を任される理由について、軒野さんは次のように自己分析します。

「おそらく、コミットメントとポジティブさの2つがあるからだと思います。コミットメントとは、そのプロジェクトを何が何でもやり遂げるという意志です。例えば、新設会社の経営者を探している時、たいていの応募者は『軌道に乗るまで親会社は資金を出してくれますね』と聞いてきますが、そうではなく、『事業計画を作り、足りない資金は自分が集めますので』というスタンスを取れるかです。最後は自分の手を動かしてでもやる、という心意気が経営者には必要です」

仕事の探究は、知の習得や人脈づくりに直結する

軒野さんは自身のキャリアを次のように振り返ります。

「技術も事業も経営も同じで、常に今までやったことのないテーマに取り組み、その本質を突き詰めようとしてきました。それは逆に言えば、本質を探究できる場を求めて渡り歩いてきたキャリアだったとも言えます。富士ゼロックスにいた頃は、環境やタイミングがよかったこともあり、社内にそういう場がいくつもありました。富士ゼロックスを離れた後も、ご一緒させていただいた方々からチャンスを貰い、積極的に新しい仕事に取り組んできました」

新しいことに挑戦したり、本質を探究したりするには、自ら学ぶ必要があります。また、自分一人ですべてをカバーすることはできませんから、専門家の協力も必要になります。そのため、軒野さんは職場が変わるたびに、新たな知識を習得し、人脈も広げてきました。退職後もさまざまな企業を渡り歩いてこられたのは、それまでに培った人脈や、軒野さん自身の実績の賜物といえます。さらに、仕事を通じて事業構想力を身につけたことで、次にやるべき仕事を自らつくり出すこともできています。

ライフシフトを目指す読者に、軒野さんは次のようにアドバイスします。

「例えば、あなたが新たな仕事を提示された時に、『私は何をすればいいのですか？』と質問をするようでは、ライフシフトは成功しないでしょう。誰かにお膳立てされた環境に行く意識ではなく、その仕事のことを自分でよく調べて、自らやるべきことを提示できるようになる必要があります」

何事も、自分が所属している会社という枠の中で、受け身で考えていると、社内でしか通用しない人材になってしまいます。軒野さんのように、社内にいても常に社外の目線に立って本質を捉え、初めてのことにも探究心を持って取り組むことで、社外に出ても役立つ知識や人脈が形成され、ライフシフトを成功に導くことができるのです。

エクスプローラー
事例2

「アジアの発展に貢献したい」という夢を探求し続ける

特定非営利活動法人　BHNテレコム支援協議会事務局長
富野岳士さん

インドネシアで6年間の海外駐在を経験

大手情報通信機器メーカーの富士通を40歳で退職し、国際協力NGOの道に進んだのが、富野岳士さん（54歳、1964年生まれ）です。日本における国際協力NGOを束ねる国際協力NGOセンター（JANIC）での約10年間の勤務を経て、現在はICT（情報通信技術）を活用した国際協力を行うBHNテレコム支援協議会の事務局長を務めています。

富野さんのキャリアの背景にあるのは、「アジアの発展に貢献したい」という一貫した思いです。その思いが芽生えたのは学生時代（1980年代後半）でした。

「中国を一人で旅した時に、アジアのパワーを目の当たりにしました。これからはアジアの時代だと感じ、アジアの発展に貢献できる仕事に就きたいと思うようになりました」

就職活動は海外赴任の可能性がある総合商社やメーカーを中心に行い、1989年に富士通に入社します。一貫してアジアでの営業を希望し続け、入社3年後にアジア営業の担当となり、異動して4年目の1995年、30歳になる年に、念願の海外駐在が実現します。駐在先はインドネシアで、現地法人の立ち上げメンバーとして赴任しました。

「私が本当にやりたかった現地での営業の仕事にようやく携わることができ、つらいながらも営業の醍醐味を味わいました。また、小さな組織をゼロから立ち上げたことも貴重な経験でした」

富野さんが駐在していた2001年までの6年間で、顧客は60社に増え、スタッフも50～60名にまで拡大しました。

ビジネスによる経済発展から社会課題の解決へ

富野さんが国際協力NGOへ転身する契機となったのが、1997年に始まったアジア通貨危機でした。

「インドネシアでも、徐々に不穏な空気が漂い、暴動が起こる様子を目の当たりにしました。それまでは、アジアの発展イコール経済成長だと思っていましたが、この経験で、経済成長だけでは社会課題を解決できないことを改めて知り、次第に社会課題の解決に貢献したいと思うようになりました」

2001年に日本に戻った富野さんは、やがて外資系企業を担当する営業部門で課長に昇進します。しかし、途上国の課題解決に携わりたいという思いは変わらず、もっと国際関係について学びたいと考え、早稲田大学大学院アジア太平洋研究科への進学を決意します。今後の進路について迷っていた時、背中を押したのが一冊の本でした。

「書店で手に取った『スパイラル　ライフ』（マディ・ダイトワルド著、光文社）の中に、次のようなことが書かれていました。これまでは、大学を出て就職して、結婚して子どもを育てて、60歳で定年になるという『単線型人生』が当たり前だったが、これからは、高齢化を背景に、就職した後も、何度でも学び直して新たなキャリアを開拓し、なりたい自分を目指すようになる。それがスパイラルライフで、日本もこれからはそういう世の中になるし、自分もそのように生きたいと強く思いました」

富野さんは2005年、40歳の時に、大学院に進むタイミングで富士通を退職しました。大手企業を退職して未知の世界に飛び込むことに、不安はなかったのでしょうか。

「2年間勉強して人脈もつくって、それでも国際協力を仕事にすることができなければ、富士通での経験を活かしてビジネスの世界でまた食べていけるだろうし、国際協力にはボランティアの立場で関わろうと考えていました」

大学院に通う傍ら、1年目は大学院の近くにあったJANICでボランティア活動に参加します。また、ＪＩＣＡや開発コンサルタント、国際機関など、国際協力の関係者から話を聞くなどして、自身の今後の方向性について検討していきました。そして、ＪＡＮＩＣの大橋正明副理事長（当時）が大学院の講師を務めていた縁で声をかけてもらい、大学院２年目にＪＡＮＩＣに就職します。

「私は、ＮＧＯと企業が連携や協働をすることによって、活動のインパクトが大きくなると考えていました。ＮＧＯを束ねる立場であるＪＡＮＩＣは、私のそうした考えや、企業での経験を活かせる職場だと思い、就職しました。正直、給料は大幅に下がりましたが、それ以上に働きがいの大きさを見出すことができました」

ＪＡＮＩＣでは事務局次長の立場で、ＮＧＯと企業の連携や資金調達を行う一方、タイムマネジメントや目標評価システムなどを導入して組織改革にも取り組んでいきます。

富士通とＮＧＯでの経験を現場に活かす

ＪＡＮＩＣに11年勤めた後、富野さんは２０１７年にＢＨＮテレコム支援協議会（以下、ＢＨＮ）に転職します。

「ＪＡＮＩＣは中間支援組織なので現場に関わる機会がなく、アジアの現場でプロジェクトをやりたいという思いが徐々に高まっていきました。ＪＡＮＩＣも組織改革が進み、そろそろ若い世代に委ねた方がよい時期でした」

BHNは、電気のない地域にソーラーパネルを設置したり、サイクロンの多い地域に防災無線を設置したりするなど、ICTを用いて社会課題解決の支援に取り組んでいるNGOです。活動の大半は情報通信企業のOBを中心とした20～30名のボランティアによって支えられています。

「富士通とJANICでのそれぞれの経験と現場を掛け合わせた時に、思い浮かんだのがBHNでした。前任の事務局長が富士通の海外営業時代の先輩に当たり、相談してみると、トントン拍子で話がまとまりました。BHNでは、企業と連携して医療や教育の不足している地域で遠隔医療や遠隔教育を実現したいと考えています」

「アジアの発展のために何をすべきか」という強い探究心によって、企業の枠を超えてキャリアを切り拓いてきた富野さんは、まさにエクスプローラー型のロールモデルといえるでしょう。

最後に、NPOやNGOで活躍したいと考えているシニア層へのアドバイスを伺いました。

「NPO・NGOが求めているのは、何らかの専門性を持った即戦力です。専門性は海外経験、営業、経理、広報など、何でもかまいません。高い専門性があれば、何歳でも活躍できる可能性はあります。

ただし、職員採用は狭き門のため、あらかじめ人脈でつながっておくことが大切です。そのためには、事前にボランティアや活動報告会などに参加して、関わりを持っておくとよいでしょう。逆に、まったく接点のない組織に入った場合、環境の違いによるミスマッチが起こる可能性が高くなります。

企業に籍を置いたままでも、NPO・NGOに関わることは可能です。週末や平日、仕事を終えた後にボランティアに参加することもできます。NPO・NGOに興味のある方は、まずは一度、ボランティアに参加してみることをおすすめします」


このように富野さんも、自分のやりたいことをベースに人生を考えているのがよくわかります。大企業にいながらも、本当に自分がやりたいことは何だろうかと考える。これは確かに難しいことだと思います。大企業にいると、毎日いろいろな調整業務に追われ、視野狭窄《きょうさく》に陥りがちです。自分の人生の成長戦略を考える余裕などなくなってしまいます。また、大企業からNPO・NGOや中小企業に転職する際には給与が大幅にダウンするので二の足を踏んでしまいがちです。しかし、富野さんは「自分のやりたいこと」を見出し、その「思い」を選択したのです。

このようなぎりぎりの選択においては、海外転勤はいいきっかけだったのだと思います。自分の居心地のよいコンフォート・ゾーン（ぬるま湯状態）から脱し、自分や日本の現状を見つめ直し、しがらみを超えて「べき論」を語りたくなると思います。「思い」が明確になっていきます。かく言う筆者も、日産自動車の社員だった時、オランダにあった欧州日産への転勤の際に、上司だった人事部長から「これを機会に、日本ではやりたくてもできなかったことを精一杯やってこい」と送り出されて心に響いた経験があります。そしてその時の経験が明確に今につながっています。

そういう意味では、最近「Ｎターン」が増えているのもわかります。Ｎターンとは、日本から一度、海外に転勤。その後日本に戻ってから、やはり海外で仕事をしたいと、再度海外に行くケースです。Ｎの字の各直線が方向を表しています。最後の直線が伸びるのが、定年後であったり、富野さんのように定年前に退職してからなど、パターンはいくつかあります。日本人のマネジメント能力や技術的な経験が海外の企業や、日本の中小企業の海外進出で求められているのです。

このことをもう少し広げて考えると、企業の中にいる間の転勤や異動を自分のキャリアを考えるきっかけとして利用するということになります。こうした一つひとつのキャリアを大事にし、その先に見えてきたことを自分でつかんでいく。社内にいても、仕事のできる人は当然やっていることです。自分の幅を広げる先が次第に社内だけでは収まらなくなって、ついには、社外へ飛び出してもいいと思うようになる。エクスプローラー型の人生はこうしてできてくるのではないでしょうか。

このような人たちは、今のオープンイノベーションの時代には、元の会社にとっても貴重な人材です。いったん辞めたら出入り禁止のような企業もかつてはありましたが、今では出戻り人材の方が価値があったり、OB・OGネットワークで仕事をする方がいい、というように変わってきています。エクスプローラー型ライフシフトに向けて、仕事に向き合う今のスタンスを見直してみてください。

エクスプローラー
事例3

「日本史講師」を軸に、多彩な領域で活躍

プロ講師・著述家　伊藤賀《が》一《いち》さん

最年少で有名予備校の講師に

リクルートが運営するオンライン予備校「スタディサプリ」で日本史をはじめ社会科7科目を担当し、「日本一生徒数の多い社会講師」として知られる伊藤賀一さん（46歳、1972年生まれ）。複数の社会人向けスクールの講座も受け持ち、『世界一おもしろい日本史の授業』シリーズなど数多くの著書を手がけ、ラジオ番組のパーソナリティ、プロレスのリングアナも務めるなど、多方面で活躍しています。さらに、43歳で早稲田大学教育学部を一般受験し、2018年現在、生涯教育学専修3年に在学中の現役大学生でもあります。

圧倒的な話術で「教室が揺れる」と形容されるほど、講義の面白さに定評のある伊藤さん。そのベースとなっているのは、自身の多彩な人生経験でした。

「もともと人を笑わせたり喜ばせたりすることが好きで、芸人になるか教員になるか迷っていましたが、高校2年の時、その2つの間の職業である予備校講師になることに決めました」

法政大学史学科を卒業し、日本史講師として有名予備校に採用されることを目標としました。しかし、新卒の場合、東大・京大の学部か早慶の大学院を出ていることが最低条件で、普通のやり方では入れません。そこで、東進ハイスクールの人気講師の一人が経営する塾に就職し、社長（人気講師）の紹介で東進の講師になることを目指します。

「その会社は今でいう〝ブラック〟な零細企業でしたが、営業や講師を一生懸命やっていたら、1年目の秋に紹介状を書いてもらうことができ、採用試験を経て、晴れて東進ハイスクールに最年少講師として採用されました」

それ以来、塾でフルタイム勤務を続けながら、空いた時間に東進で講師を務める状況を続けました。しかし、30歳の時、「今の状況の延長線上に大した未来はないな」と思い、塾も、その社長に紹介してもらった東進ハイスクールも退職してしまいます。しかも講義映像の契約期間が残っている間は、他の予備校に転職するわけにはいきません。そこで一旦今までの世界から離れ、住み込みで働きながら全国を回り、見聞を広めることを決意します。

「学生の頃からずっと『先生』と呼ばれる仕事をしていたので、このままでは世間知らずであかんな、と。日本史の先生なので、日本の第一次産業から第三次産業まですべてを経験しようと思い、奥飛騨の温泉旅館で働いたり、岡山の自動車工場で工員をやったり、浜名湖でウナギを売ったり、途中でお遍路もやったりして、行き当たりばったりで4年近く過ごしました」

その後、静岡に本社のある秀英予備校で講師として復帰しますが、最初は週一回しか授業がなかったため、東京のホテル勤務と掛け持ちしながら、6年間続けました。そして2012年、スタディサプリの前身である「受験サプリ」がオンライン予備校を立ち上げた際に講師としてスカウトされ、現在に至ります。

パラレルワークの魅力に取りつかれる

伊藤さんがこれまでに経験した職種は20以上に上ります。

「いろいろな仕事を一から経験するうちに、素人から始めることの楽しさを覚えました。最初のうちは年下の上司や先輩に怒鳴られるわけですが、次第に仲良くなって、どの職場も〝アウェイ〟から〝ホーム〟に変わるんですね。それが快感になり、パラレルワークがやめられなくなってしまいました。それで、今に至るまで、頼まれたことは何でもやろうという姿勢でやってきました」

講師の仕事は予備校に留まらず、シニア向け講座や小学生を持つ親子を対象とした講座などにも広がっていきます。また、最近では厚生労働省や東京都、出身の京都市など、公共機関からの仕事の依頼も増えつつあります。

「パラレルワークをしていても、軸足は常に『日本史講師』に置いています。日本国内を回ったのも、日本史講師の仕事に活かせると考えたからです。軸足がないと、世間からの信用が得られません。バスケットボールのピボットのように、しっかりとした軸足があることで、もう一方の足を政治、経済、哲学、地理など、さまざまな分野に広げていくことができるのです」

「リカレント教育」の第一人者を目指す

小学生からシニアまで、幅広い層を対象に社会科を教えるようになった伊藤さんは、大学で生涯教育学を学ぼうと思い立ちます。

「それまで教育学を学んだことがなかったので、理論を身につけたいと思ったのです。実は、早稲田大学教育学部は、自分が受験生だった頃の第一志望でした。社会人入試で入る方法もありましたが、それでは受験生たちが失望すると思い、同じ土俵に立って勝負しようと、英語や古文・漢文を25年ぶりに勉強して、一般入試で受けました」

伊藤さんは、そのまま大学院で博士課程まで進んだ後、一般受験での東京大学文科Ⅲ類への進学を考えています。自分自身が就労と教育のサイクルを繰り返す「リカレント教育」を実践して、リカレント教育の第一人者になることを目標に掲げます。

「僕が大学に通う姿を見て、若い世代は皆『いいですね』と評価してくれます。我々と同じか、より若い世代は、『ライフシフト』的な生き方にすごく興味があるんです。ですから、自分自身の今後の商品価値を考えても、これはイケると（笑）。チャレンジし続けることが職業になると思っています」

大学に進んだことで、伊藤さんの活躍の場はさらに広がりました。例えばラジオの仕事は、たまたま社会人学生だったプロデューサーと同じ講義をとった縁で依頼を受けたそうです。

自分が「初代」になる気概が大切

伊藤さんの座右の銘は「怖くても、動こう」です。

「僕は度胸のある人間に見えるようですが、そう振る舞っているだけで、本当は気が小さくて、打たれ弱いんです。自分をピンチの状態にした方が成長できるものですが、その怖さを克服しようと思うと動けなくなってしまう。だから、怖さを克服することはあきらめて、震えながらでもいいからやろうと思うようにしています」

ライフシフトを成功させるためには、自分自身が「初代」になる気概が必要だといいます。

「人生１００年時代の生き方は、これまでにモデルがないだけに、フロンティアスピリットが大事で、誰かの真似はよくないと思うんです。僕自身は『初代・伊藤賀一』であると思っています。理想の姿はジェームズ・ボンドやアンパンマンです。彼らは名乗る時に、『ボンド、ジェームズ・ボンド』『僕、アンパンマン』としか言いません。所属を気にすることなく、他の何者でもない自分であることが大事だと思います。

歴史を勉強して断言できるのは、織田信長でも坂本龍馬でもナポレオンでも、誰一人として同じ人生はなく、そして人生は一度きりだということ。だから、誰かの真似をして終わるよりも、自分自身の人生を楽しく生きるべきです」

複数の仕事をこなすポートフォリオ・ワーカーでありながら、同時に生涯教育を探究するエクスプローラーであり、自分自身のプロデュースにも長《た》けたインディペンデント・プロデューサーでもある伊藤さん。その生き方から伝わってくるのは、人生には多様な選択肢があるのだから、それをエンジョイしない手はない、ということです。

そしてその時、あえて厳しい逆境経験をも辞さない姿勢で臨むことで、選択肢が広がるということ。組織では「失敗してもいいから挑戦しろ」といわれますが、失敗は嫌なものですし、特に成果主義人事の下では致命傷を負うかもしれません。それゆえ、会社や組織の中では、「できるだけ多くの逆境に挑戦しろ」という言い方の方が適切でしょう。

簡単な道と難しい道があったなら、あえて難しい道を選んで極めていく。眼前の利を追わず、次々と逆境に挑むエクスプローラーなのです。逆境に挑むことで、誰もやらない領域での第一人者になることができるのです。そしてその逆境慣れが多くの道を同時並行で走り、ポートフォリオを広げる体力と器用さを育てるのです。そして誰とも違う「初代の自分」づくりにつながっていきます。それが、社会の中で自分しかできない貢献は何か、たとえ自分が苦労してもどんな役割を担えば周囲が喜んでくれるのか、を考え、その力をつけることにつながるのではないでしょうか。自分のライフシフトが、同時に世界のより多くの人を幸せにすることにつながれば最高ですね。

第3章

ライフシフトを成功に導く働き方改革

これまで述べてきたとおり、人生１００年時代には、80歳まで現役で働き続ける覚悟が必要です。従来の人生80年時代のイメージのまま、会社が用意した制度に沿っていけば、現状では、大半の人は65歳で仕事はなくなってしまいます。80歳まで現役で活躍し続けるためには、今までの働き方を改める必要があります。第3章では、そのためのさまざまなノウハウを紹介します。

1 社内でのサバイバル術

■与えられた仕事から「やりがい」を見出す

最初に紹介するのは、今の会社で生き残るためのコツです。

80歳まで現役で活躍するには、今いる会社で80歳まで働き続けられるのでなければ、多くの場合はどこかのタイミングで退職し、より長く働ける会社に転職するか、あるいは独立・起業することが求められます。その転職や独立・起業がうまくいくかどうかは、今いる会社での働き方がカギとなります。

この先のキャリアを切り拓くのは、自分自身です。転職するにせよ独立・起業するにせよ、自分にできることを明確にし、雇用主や顧客の信頼を得る必要があります。それらは、会社を辞めてから準備するよりも、在職中から準備を始める方がよほど有利です。

まずは、会社で働くことに対する意識を変えましょう。今までのように「会社のために働く」のではなく、「自分の（80歳までのキャリアの）ために働く」と意識を変えるのです。たとえ仕事は会社から与えられたものであっても、「自分にとってのやりがい」を明確に意識してください。その仕事をどのように行えば、自分のキャリアにとってプラスになるのか、なぜ自分が必要なのか。自分はその仕事を通じてどういう価値を高められるのかを常に考えながら仕事をするのです。

仕事を好き嫌いで選別するのではありません。所与の仕事、あまり好きでもない仕事であっても右から左に流すようなスタイルでは何も得られません。そうではなく、そこに自分らしい価値提供を施すのです。そのためには、自分のキャリアや経験の棚卸しが必要です。

キャリアの棚卸しとは、過去を振り返るようでいて実は言い換えれば、自分はどのような業務（サービス）を今後、雇用主や顧客に提供できるかを明らかにするということです。

中高年専門ライフデザイン・アドバイザーの木村勝さんは、著書『働けるうちは働きたい人のためのキャリアの教科書』（朝日新聞出版）の中で次のように述べています。

「自分が提供するサービス（担当業務の遂行能力）を明確にして、そのサービスに対して会社と交渉し契約を結ぶ、いわゆる個人事業主と同じスタンスで55歳以降は仕事をするというマインドセットが重要です。

そのためにも、提供するサービスの範囲・レベル・価格が明確になっている必要があります。55歳から60歳の間でどれだけ個人事業主的なマインドで仕事を行うかによって、60歳以降の展開が大きく変わります」

自分の毎年の目標や役割を前向きに捉えてください。「自分は今年どんな貢献をし、それは社外であればどれだけのプライスがつく仕事なのだろうか？」。そんな意識が必要なのです。仕事への向き合い方をそのようにすれば、50代を60歳以降へ向けてのジャンプ台にできるのです。その逆に、何も自分に引き寄せずに、ただ淡々と仕事をするだけでは、会社からは喜ばれるでしょうが、自分のキャリアには何も残らないと言っても過言ではありません。「55歳以降」とありますが、このマインドセットは早ければ早いほどよいでしょう。40代からでも決して早くはありません。ましてや出世コースから外れた、役職定年になったといって塞《ふさ》ぎ込んでいる場合ではありません。そのタイミングを好機として、そこからの会社生活は転職や独立・起業に向けた準備期間と位置づけ、自分自身のキャリアのために前向きに臨みましょう。

■年下上司とうまくやる

年功序列が長らく定着してきた日本企業でも、65歳までの雇用延長や役職定年制の導入などにより、職場の上司が年下だったり、逆に部下が年上だったりすることが当たり前になりつつあります。いずれの場合も、仕事がやりにくいと感じる人が多いようです。しかし、50代での仕事経験をフルに活用し、60歳以降の糧にするには、シニアとして今の職場でみなと付き合って、いい仕事をさせてもらえる環境を自らつくらなければいけません。よい人間関係を保ち、自分の力をフルに発揮できる環境づくりが重要なのです。うまくやっていくにはどうしたらいいでしょうか。

「年下上司から指示されると、ついムッとしてしまう」という人もいるのではないでしょうか。それは、上司と部下の関係を、地位の違いによる「上下関係」ととらえているためにプライドが傷つくのでしょう。

まず、その「上下関係」という意識を変えるべきです。上司と部下の関係は、確かにかっては「地位」の違いによる上下関係とみなされる傾向がありましたが、昨今は、マネジャーとプレーヤーという「役割」の違いとしてとらえることが一般的になっています。上司（マネジャー）の役割とは、部下（プレーヤー）を動かして組織の成果を上げることです。それに対して部下の役割は、自ら主体的に動いて成果を上げることです。

最近では、部下が能力を最大限発揮できるように上司が支援する「サーバントリーダーシップ」という考え方が注目されています。そして部下は「フォロワーシップ」を発揮し、上司の思いを主体的に汲み取り、実現していくことが自走自律の職場づくりのカギになっています。そこには、かつてのように上司に部下が従うような上下関係はありません。上司と部下はチームであり、共創（co-creation）の関係なのです。上司と部下の関係を、こうした役割の違いとして認識する元早稲田ラグビー部監督の中竹竜二氏のいうポジション・リスペクトができれば、年下上司をどう支援するのか、チームにどう価値を提供するのかが焦点になります。上だ下だといった意識は変わってくるのではないでしょうか。

また、年齢の逆転とシニアのやる気の低下と働き方改革が重なったことで、働かない「あきらめシニア」が年下上司を困らせている構図も散見されます。これではライフシフトのための自分磨きはできません。自分の境遇を嘆いたり、あきらめたりせず、人生100年、80歳まで現役を視野に自分の可能性を見つめ、毎年の自分の業務目標をもう一度、真剣に謙虚に上司と話し合ってください。

年下上司と接する上で、もう一つ大切なことは、社歴では自分が先輩だとしても、年下上司を後輩として見たり接したりするべきではないということです。たとえ、互いの間で信頼関係ができているとしても、「君」ではなく「さん」付けで呼ぶようにすべきでしょう。2人の間では問題ないとしても、周囲の人たちが戸惑ってしまうからです。また、「昔よく面倒を見た後輩だから、この程度はいいだろう」といった甘えもなくすべきです。

先輩の立場からすれば、年下上司に意見やアドバイスをしたくなるような場面も多いかもしれません。しかし、そこはあまり出しゃばらず、向こうから求められた時にだけ答えるようにした方がよいでしょう。ただ、若い上司は組織の中で孤立しがちです。組織内の個々のメンバーがどういう状況にあるのかを伝えてフォローする役割は貴重でしょう。

■年上部下とうまくやる

逆に自分自身が年下上司となった場合、年上部下とどのように接したらよいでしょうか。これからはこのような職場が増えてきますし、その中でパフォーマンスを上げ続け、自分を磨いていかなければなりません。

先述の通り、上司と部下の関係は「上下関係」ではありません。したがって、部下に指示をする際は、「～しなさい」「～してください」という命令口調よりも、「～していただけませんか」といった依頼口調の方が、相手は気持ちよく指示を受けることができます。命令口調は、本人の意思や実力の限界が考慮されていない、相手を理解しようという気持ちがない、というメッセージを発信してしまい、部下は不快に感じてしまいます。それが高じてパワハラも起きています。仕事に集中できない原因は、親の介護かもしれないのです。依頼口調であれば、部下は自分の立場を考慮されていると感じられるため、快く引き受けることができます。以上のことは、年上部下だけでなく、すべての部下に当てはまることです。

年上部下の場合、さらに大切なことは、人生の先輩として敬意を持って接することです。上司だからといって見下すような態度をとるのではなく、挨拶や敬語など、丁寧な対応で接するのが基本です。さらに、相手を立てることも心がけましょう。年上部下の経歴から、何が得意なのかをあらかじめ把握しておき、時には相談したり、ミーティングなどの際に意見を求めたりするとよいでしょう。日頃からこうした姿勢で接していれば、いざという時に助けてもらえるような、良好な関係を築くことができるはずです。

部下が年上であっても、何か問題があれば注意しなければいけません。多くの現場で聞かれるのは、年上部下は気力がないという「あきらめシニア」の問題です。もうこの先長くないし、頑張っても評価も給与も上がらないので、やっても意味はないと諦観しているタイプです。また、自分のやり方は決まっていて好きなようにするので、とやかく言わないでほしいという引きこもりタイプもいるでしょう。このようなケースはどうしても年下上司は引き気味になってしまいます。

しかしこのようなタイプを放置しておくのは問題です。ポイントは、小出しに都度都度指図するのではなく、年度初めに一年の役割と目標を握るのがコツです。当然ながら、自分自身の思いを語り、よりよい職場をつくっていくビジョンを示し、一緒にやってほしいという期待を示すことも重要です。

また、仕事の指示を出す際は、やり方を事細かに指示するのではなく、本人の裁量に任せられる部分は任せるようにした方がよいでしょう。

年上部下には、自分の言うことをいかに聞いてもらうかではなく、彼らが働きやすい環境をいかにつくるか、という視点で接することをおすすめします。これらは今後、地方の企業や中小企業へライフシフトした時に必ず役に立つ身の処し方になります。

図表3-1　シニアと仕事をしていて良いことは何ですか？（シニアと仕事をするメリット）

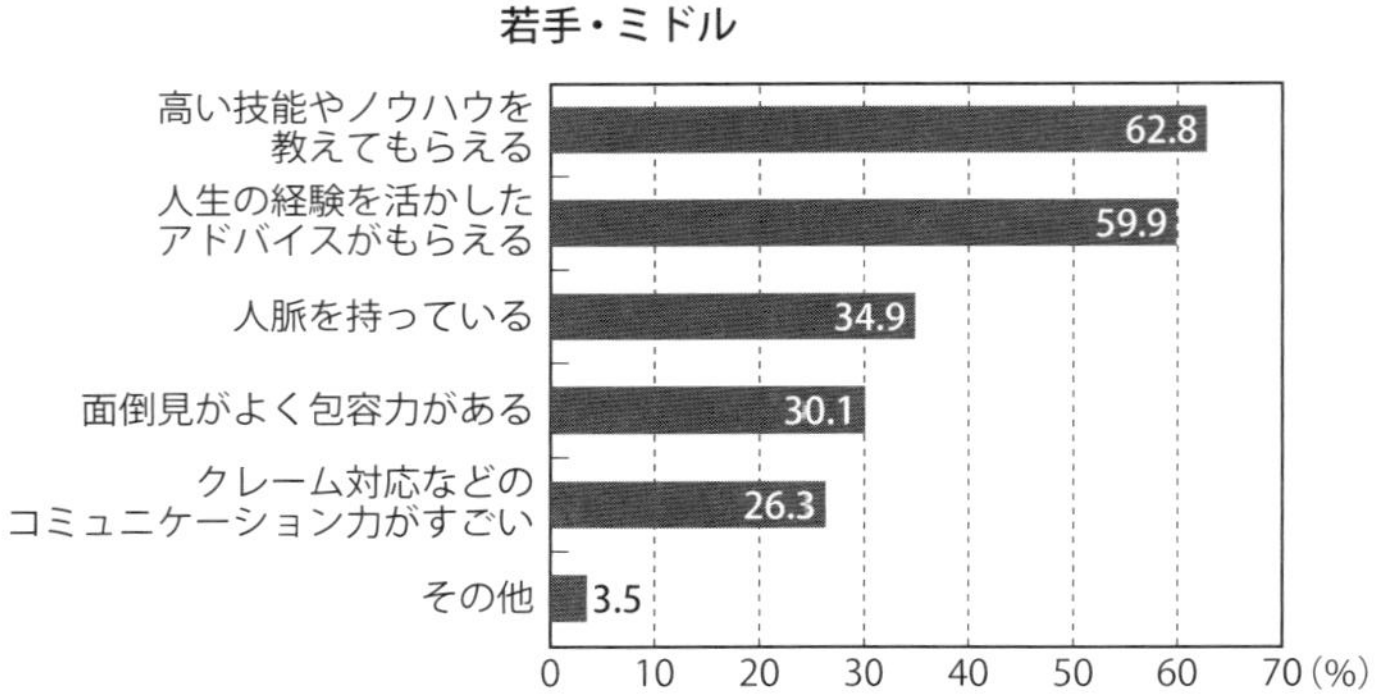

（出所）財団法人企業活力研究所「シニア人材の新たな活躍に関する調査研究報告書」（平成24年3月）をもとに作成

■若手、特に女性社員に愛想をつかされない働き方

役職定年になると、職場の同僚が若手になるケースも多いでしょう。だからといって、先輩ヅラをするのは、若手社員にとっては気持ちのいいものではありません。相手が年下であっても、名前は「～さん」づけで呼び、対等な関係を築くようにしましょう。

また、仕事を選り好みしてはいけません。面倒だったり、苦手な仕事だからといって若手に押しつけたりせず、積極的にチャレンジすべきです。ITのことなど、わからないことがあれば、若手に聞けばいいのです。また、もし若手がクレーム対応などで困っているようであれば、手助けをしましょう。そう

図表3-2 シニアと仕事をしていて困ることは何ですか？（シニアと仕事をするデメリット）

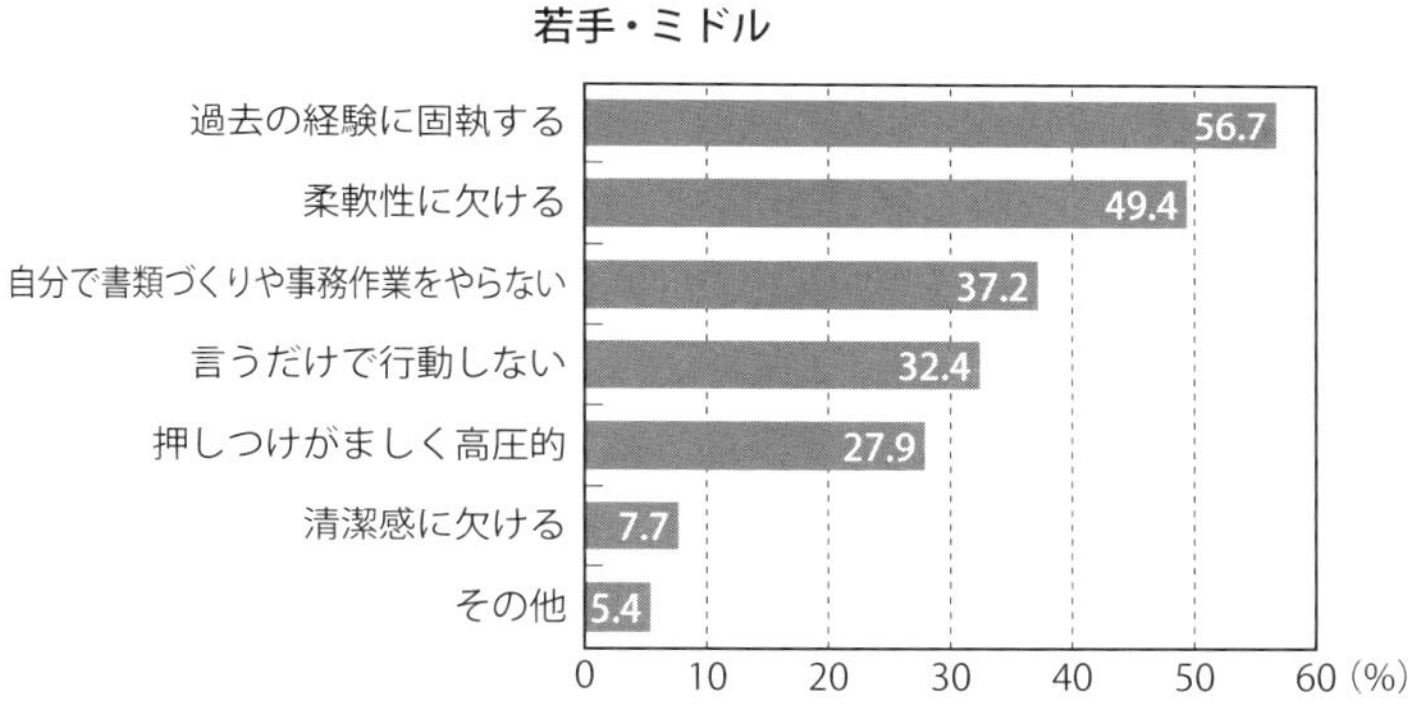

（出所）財団法人企業活力研究所「シニア人材の新たな活躍に関する調査研究報告書」（平成24年3月）をもとに作成

すれば、逆に自分が困った時にはきっと助けてもらえます。

若手がシニア層に対してどういう意識を持っているか、企業活力研究所の調べたデータがあります（「シニア人材の新たな活躍に関する調査研究報告書」平成24年3月）。この調査によると、若手はシニアに対して、「高い技能やノウハウを教えてくれる」「人生の経験を活かしたアドバイスをくれる」「人脈を持っている」「クレーム対応がすごい」などの好印象を持っています。が、その一方で、「過去の経験に固執する」「柔軟性に欠ける」「自分で書類を作らない」「言うだけで行動しない」「押しつけがましく高圧的」だけではなく、「清潔感に欠ける」とまで言われているのです（図表3－1、3－2）。こうした点はやはりチームのメンバーへの思いやりの問題であり、本来はシニアが人間力を活かし見本となるべきことだと自覚するしかありません。特に女性は敏感であり、観察力も鋭いので、シニアとしての矜持を持ちたいものです。

さらに、注意したいことの一つが、話の長さです。年を取ると、無意識のうちに話が長くなってしまうものです。本人は無自覚なだけにやっかいですが、若手からは「○○さんはいつも話が長いな」と思われているかもしれません。もしそう思われていても、シニアにもなると面と向かって指摘されることはなかなかありません。相手の反応を常に気づかうように心がけ、自分で意識して話が長くならないようにしたいものです。

また、過去の手柄話にも注意しましょう。「昔はこうだった」「若い頃はああだった」と、昔の話を持ち出して自慢や説教をしても、若手には「今とは時代が違う」と受け止められるだけです。過去の話をするなら、むしろ失敗談にするべきです。その方が共感を持って受け入れられますし、その失敗をどう乗り越えたのかという話は、若手にとって生きた教訓になります。

「もう年だから」と、自分の年齢をできないことの言い訳にすることも、若手には「やる気がない」「仕事を嫌がっている」と嫌われます。それだけでなく、そういうあきらめの意識でいると、自分自身の可能性も狭めてしまいます。人生１００年と考えれば、50歳でもまだ折り返し地点です。「人生まだまだこれから」と前向きに考えて、新しいことにも挑戦していきましょう。

■愛されるシニアになるための心がけ

愛されるシニアになるために、日頃どのように振る舞えばいいでしょうか。参考になるのが第1章でも触れた映画『マイ・インターン』でロバート・デ・ニーロが演じたシニア・インターンのベンです。ベンは、長年の会社人生で培われた豊富な経験と人間力によって、年下の上司（経営者）をサポートし、若手の同僚たちの相談に乗るなど、職場になくてはならない存在になっていきます。

ベンが若手に好かれるのはなぜか。前出の木村氏は、次のようなポイントを挙げています。

□新しいことに挑戦し続ける
□頼まれたら何でも気軽に引き受ける
□自ら仕事を見つけて働く
□アドバイスは短く、控え目に話す

□昔の話は聞かれない限りしない
□自分のスタイルを大切にする
□清潔で身ぎれいにしている
（『働けるうちは働きたい人のためのキャリアの教科書』より）

基本的に、何事にも前向きな姿勢の人は愛されると言っていいでしょう。前項でも触れましたが、頼まれた仕事は何でも引き受けて選り好みせず、新しいことにも挑戦する姿勢が大切です。若手と仕事で張り合うよりも、むしろ若手がやりたがらない、手が回らないような仕事こそ率先してやるべきでしょう。

謙虚さも、愛される要素の一つでしょう。日頃の若手の言動に対して、つい何か言いたくなってしまうものですが、その気持ちをぐっと抑えて、「聞かれたら答える」くらいの心持ちでいることが大切です。もし何か問題が起きて、若手が困っている様子に気づいた時は、何に困っているのかを聞いた上で、豊富な経験を活かして積極的に手助けをするとよいでしょう。

心がけるべきは「若手のサポート役」です。周囲の人たちに良い影響を与え、職場にいてほしいと思われるような良い評判をつくっていくことが大事です。

2 社外との接点を持つ

■在職中の人脈づくりが大切

将来の転職や独立・起業を成功させるためには、在職中から社外に人脈をつくることが大切です。なぜなら、社外との接点を持つことがその後のキャリアにつながっていくからです。会社を退職した次のキャリアは、そうした社外の知り合いのネットワークから決まっていくことが多いのです。

一般の求人サイトなどを使った転職活動の場合、無名の大勢の中での競争となるため、条件のいい企業への転職は狭き門となります。その点、知り合いのネットワークからの紹介であれば、次の転職先が決まる可能性はぐっと高まります。在職中に社外の人脈を築いておくことが、条件のいい転職への近道となります。

社外の人脈づくりは、自分の仕事をベースにして、そこから徐々に広げていくのがよいでしょう。例えば、業務に関係した社外の委員会などがあれば、積極的に参加して他社の人とつながりをつくるようにします。ただし、会議に参加して名刺交換して終わりではだめです。懇親会などに参加して自己開示をしない限り、相手からのフィードバックはもらえません。そうした自己開示の場を率先してつくりましょう。そうすることで、思わぬところから次の仕事の話が舞い込んできたりするものです。その時のために、会社の名刺とは別に個人の名刺も作っておき、社外の人にはその両方を渡すようにします。

なお、人脈づくりは会社関係だけでなく、趣味や地域の集まりでもかまいません。仕事の話はどこから舞い込んでくるかわかりません。人脈はできるだけ多く持つことが、次のキャリアにつながります。

■兼業・副業で特技を活かす

ライフシフトを成功させるために、在職中に兼業・副業を始めることも有効です。経験の幅が広がり、将来、独立起業をするための準備になります。また、兼業・副業であれば、失敗を恐れずに挑戦することができます。

政府が「働き方改革」の一環として社員の兼業・副業の推進を打ち出したこともあり、兼業・副業は今、追い風を受けています。実際、『日経ビジネス』による副業に関する調査（『日経ビジネス』２０１８年7月16日号）では、企業が副業を認めることに67％の経営者・役員が賛成しています。しかしながら、兼業・副業をさまざまな理由から「やむなく」禁止している会社も多くあります。それゆえ、会社に相談してみるのも一つの方法です。会社に対しては、兼業・副業で得た経験や知識を会社の業務に活かせるなど、会社にとってもプラスになることをアピールしましょう。企業側としても、これからのイノベーションの時代には、社員を社内に閉じこめておくのは、とてももったいないことだと気づき始めているのです。

兼業・副業にはさまざまな仕事が考えられますが、まったく未知の世界に飛び込むよりは、自分の本業や趣味などに関連したものを選ぶべきです。兼業・副業を始めるための準備にお金や時間を費やすよりも、自分が得意とするものを活かす方が効率的です。また、兼業・副業をすることで本業に支障を来しては本末転倒です。会社の顧客を利用したり、兼業・副業に時間を割きすぎたりすることは社会人の規範として避けなくてはなりません。

最近は、インターネット上に兼業・副業のためのさまざまなマッチングサービスが登場しており、これらを利用してみるのも一つの方法です。

代表的なものが、時間や場所にとらわれずに働きたい人と仕事を頼みたいクライアントをマッチングする「クラウドソーシング」（クラウドワークス、ランサーズなど）です。

仕事の内容はさまざまですが、パソコンを使って行う仕事が中心になります。

ユニークなマッチングサービスも増えています。例えば、人材不足に悩む地方企業・自治体と都市で働く会社員の副業ニーズをマッチングさせるサービスがあります（スキルシフトなど）。勤務形態は、月に数回の出勤日があるパターンが多いようです。また、自分の専門業務に関するコンサルティングを1時間などのピンポイントで提供するサービス（ビザスクなど）もあります。その他、自分の特技や趣味を活かして気軽に始められる次のようなサービスもあります。

・**グローバル顧問（サイエスト）**…中小企業などに顧問の形で1時間単位でアドバイスを提供

・**ココナラ**…自分の持っているスキルや知識を500円から気軽に売り出す

・**タイムチケット**…自分の空き時間を30分単位で販売する

・**ストリートアカデミー（ストアカ）**…自分の特技や趣味を、講座を開いて学びたい人に教える

・**サイタ**…自分の特技や趣味をプライベートレッスンで希望者に教える

■インターンを積極的に試す

ずっと一つの会社で働いてきた人の場合、転職に対して、「自分は他の職場で通用するだろうか」と不安を感じる人も多いでしょう。そういう人におすすめしたいのがインターンシップです。一定期間、就業体験をするインターンシップは、就職前の学生を対象としたものが一般的ですが、近年、定年退職後も働き続けたいと考えているシニアが増えていることから、シニアを対象としたインターンシップが増えつつあります。

インターンシップのメリットは、転職を決める前に、実際の仕事や職場を体験して、自分に合っているかどうかを見極められることです。「転職してみたものの、思い描いていた仕事や職場と違った」というリスクを避けることができます。また、受け入れる企業にとっても、自社に適した人材を採用することができます。転職における企業と求職者のミスマッチを防ぐことができるわけです。

インターンシップは、企業が個別に募集しているほか、インターンを受け入れる複数の企業の窓口となり、シニアと企業のマッチングを行う企業や自治体などもあります。

例えば、埼玉県が2017年から始めた「シニアインターンシップ」は、県内在住で県内企業に就職を希望する60歳以上の人（55歳以上の早期退職者を含む）を対象に、企業でのインターンシップを実施するプログラムです。応募者は、事前講習で自分のキャリアを整理したり、再就職の心構えなどを学んだ後、個別カウンセリングを受けて本人の希望や適性に合った職場を紹介されます。1～5日程度の職場体験を経て、本人が希望すれば採用選考を実施し、双方が合意すれば、採用が決まります。

公益財団法人東京しごと財団が運営する「東京しごとセンター」では、65歳以上のシニアを対象とした職場体験プログラム「しごとチャレンジ65」を実施しています。アドバイザーが求職者と受け入れ先企業とのマッチングを行い、求職者は1日3時間程度、最大3日間の職場体験・見学ができます。

筆者が起業したライフシフト社でも、インターンシップのニーズに対応して、大企業の40～50代の現役社員を対象にした、地方の中小企業へのインターンシップ機会の提供を計画しています。

3 社外への転身のコツ

■NPO・NGOでの活躍という働き方

収入だけで判断しなければ、働き口はたくさんあります。地域のＮＰＯは、60歳定年が当たり前だった頃は、退職した人たちの受け入れ先になっていました。しかし、65歳まで継続延長になったことで、65歳までの人材が不足している傾向があります。収入は多くを期待できないものの、地域に一定の軸足を置くという意味では、土日や夜だけでもいいので参加しておくと、そこから活躍の場が広がる可能性があります。

■中小企業での活躍という働き方

日本では、大企業の約１万社に対して、中小企業(1)が約３８０万社と、全体の99・７％を占めています。従業員数でも、大企業は１４３３万人に対して中小企業は３３６１万人と約7割を占めています。[2] こうしてみると、国内企業の大半が中小企業であることがわかります。しかも経済産業省などによると、そうした中小企業の経営者のうち70歳以上が245万人もおり、その3割、127万人は後継者が未定という。いわゆる大廃業時代の危機を迎えているのです。[3]

（1）：中小企業基本法に基づく中小企業の定義は業種ごとに異なる。例えば製造業の場合は資本金3億円以下または従業員300人以下の企業が該当する。
（2）：出典は経済産業省「2017年版中小企業白書概要」。
（3）：出典は経済産業省他による資料「中小企業・小規模事業者等の生産性向上に向けた取り組み」（2018年3月）。

こうした後継者難や人材難に直面する中小企業への転職もシニアにとっては大きな選択肢の一つになります。中小企業には、大企業にはない次のようなメリットがあります。

まず、生活環境面です。大企業の場合、勤務地が東京などの大都市に比較的多いため、地元を離れたり遠距離通勤を強いられたりすることが多くあります。また事業所が各地にあるため転勤の可能性もあり、地元で働き続けるのは難しい面があります。一方、中小企業であれば地元での勤務や職住近接が実現しやすく、地域に根ざした生活もしやすくなります。親の介護など、家庭の事情がある場合も働きやすいでしょう。地元での生活を重視するなら、中小企業は魅力的な選択肢といえます。

次に、昇進の可能性です。大企業は社員の数が多いだけに、昇進・昇格競争が激しく、上位の役職に就くのはなかなか容易ではありません。その点、中小企業は社員数が比較的少ない分、昇進・昇格の可能性が高まります。中小企業の給与は大企業と比べて低い傾向にありますが、大企業で低い役職に留まるよりも、中小企業でより高い役職に昇進することにより、給与が上回る可能性もあり得ます。

また、大企業に勤めていると、経営に関する情報は一社員にまでなかなか届きませんが、中小企業は規模が小さい分、会社の状況が把握しやすく、会社との一体感を得やすくなります。また、経営層との距離が近く、自分の意見が比較的通りやすい面もあります。

そして、何よりのメリットは、大企業よりも長く働ける可能性が高いということです。役職定年や継続雇用は65歳まで、というのは大企業に多く見られる制度です。中小企業には、年齢にかかわらず、働ける間はずっと働ける企業が数多くあります。80歳まで現役であることが求められるライフシフト時代には、やはり生活とのバランスや働きがいの価値が高まります。転職時点で給料がかなり下がるケースは多いものの、大企業よりも長く働くことができることは大きなメリットです。

ベンチャー企業も含めた中小企業では、大企業で長年勤めてきた経験豊富なシニアは貴重な戦力となります。大企業であっても決して安泰とはいえない昨今、中小企業への転職のハードルは以前にも増して低くなっているといえます。

【新現役交流会】

企業で身につけた豊富な実務経験やスキルを退職後も活かしたいと考えるシニア人材と、経営課題を抱える中小企業のマッチングを支援する公的なしくみがあります。それが、経済産業省関東経済産業局と地域の支援機関（信用金庫、信用組合、地方銀行など）が共催する「新現役交流会」です。

中小企業支援を希望するシニア人材は、まず関東経済産業局のホームページから「マネジメントメンター」に登録します。マネジメントメンターとは、企業などを退職した人や近く退職を予定している人で、①豊富な実務経験、②専門知識、③築いてきた人的ネットワークなどを活かして、中小企業の経営課題解決を支援する人材プールです。

マネジメントメンターに登録すると、「新現役交流会」に参加することができ、課題を抱える中小企業と個別に面談を行います。中小企業の課題は顧客開拓、海外展開、人材育成、経理・財務強化、経営計画策定など多岐にわたります。マッチングが成立すると、中小企業の支援に入ります。支援の期間・頻度・報酬などの条件は、支援先企業との話し合いによって決まります。雇用を前提とした制度ではありませんが、この支援がきっかけとなり、雇用契約を結んで顧問や社員に採用されるケースもあるようです。

マネジメントメンターの登録要件は、次の通りです。

①中小企業の特性を十分に理解し、ボランティア精神と協調性がある方
②1つの専門分野に通算してほぼ10年程度の経験があり、実務支援能力が十分に発揮できる方
③登録時点の年齢が50歳以上の方
④支援実施に際し、健康上の支障がない方
⑤反社会的勢力でない方

（関東経済産業局ホームページより）

2009年に始まったこの取り組みは、関東を中心に全国へと広がっています。2016年度末までの実績では、新現役交流会に参加したメンターは約9200名、参加企業は約2700社、マッチング成立数は約1400社となっています（一般社団法人新現役交流会サポートホームページより）。

■地方での活躍という働き方

日本では今、少子化による労働力不足が叫ばれていますが、地方の状況はより一層深刻です。それだけに、実務経験の豊富なシニア人材が活躍できる場は少なくありません。大企業のような定年や役職定年の縛りのない企業も多いため、給料は一時的に下がったとしても、より長い期間、自分の得意とする業務で活躍できる可能性があります。

また、生活環境の面でも、大都市生活のストレスから解放される、両親の近くに住める、地元に貢献できるなど、さまざまなメリットがあります。

地方での転職先を探すには、求人情報のほか、自治体が実施する求職者と企業のマッチング支援事業などに参加する方法もあります。最近は、シニアを対象としたUターン（生まれ育った地域への移住）・Iターン（故郷とは別の地域への移住）情報を掲げるケースも増えています。

■海外での活躍（シニアボランティア、Nターン）

企業で身につけた実務経験やスキルを、海外で活かす方法もあります。例えば、企業の海外進出などのノウハウを持っているシニアの場合、これから海外に進出する企業をサポートすることができます。また、日本企業の高度な生産技術が、東南アジアを中心に海外で求められているケースは今も多くあります。実際、海外赴任を経験して日本に戻ってきたものの、その経験を活かせる場を求めて再び海外に転身する（＝Nターン）シニアは少なくありません。

東南アジアなどの現地企業に転職したり、あるいはボランティアとして途上国を支援したりするなど、持てる技術や経験を活かして海外の発展に貢献することも有効な選択肢といえるでしょう。大手人材紹介会社の案件でも近年、シニアの海外の求人、求職ニーズは増えてきているとのことです。

【JICAシニア海外ボランティア】

青年海外協力隊の派遣で知られる独立行政法人国際協力機構（JICA）では、40〜69歳を対象としたボランティア事業も行っています。青年海外協力隊と同様、「自分の持っている技術・知識や経験を開発途上国の人々のために生かしたい」という強い意欲を持つ人を派遣する「シニア海外ボランティア」、「中南米の日系社会で、自分の持っている技術や経験を生かしてみたい」という強い意欲を持っている人を派遣する「日系社会シニア・

ボランティア」の二つがあります。いずれも毎年春・夏の年2回募集しており、派遣期間は原則2年間です（1年未満の短期ボランティア制度もあり）。活動分野は、シニア海外ボランティアではコミュニティ開発、コンピュータ技術、電気通信、品質管理・生産性向上など。また日系社会シニア・ボランティアでは日本語教育、経営管理など、多岐にわたります。なお、勤務先の許可を得て、現職のまま参加し、帰国後に職場復帰するケースもあります。

いずれのボランティアも、現地生活費や住居費、往復渡航費、家族随伴制度などの支援があります。また、ボランティアから帰国した後の進路開拓のための支援制度も用意されています。

■外資系での活躍という働き方

外資系企業は一般にアップ・オア・アウト（昇進するかクビになるか）で厳しい面がありますが、長期雇用にこだわらず、短期でもいいから結果を出す働き方をしたいというシニアには選択肢の一つになります。特に中国をはじめとする新興国企業では技術者を中心にニーズが高く、日本では年齢の壁に阻まれて活躍できない場合でも、日本で長年培った技術を思う存分発揮できるチャンスがあります。短期決戦を覚悟すれば高収入とやりがいを得られやすいでしょう。

■派遣社員から正社員へ、派遣社員から独立へ

転職して正社員になることのハードルが高い場合は、まず派遣社員に登録し、派遣社員として働き、派遣先の信頼を得た上で正社員に登用される方法もあります。「紹介予定派遣」という制度です。多くの人材派遣会社で、派遣先の社員になることを前提として、一定期間派遣（最長6カ月間）で就業する「紹介予定派遣」を行っています。派遣契約終了後に、本人と派遣先企業双方が合意すれば社員登用となります。派遣期間中に実際の職場や仕事を経験した上で社員になるかどうかを判断できるため、転職先とのミスマッチを避けることができます。

また一方で、派遣社員から独立という道もあります。大企業にいると自分が「やりたいことができない。昇進するにつれ現場から離れてしまい、退職後に使えるスキルがさびついてしまう」などのマイナスもあるため、あえて大組織から離れ、派遣社員としていろいろな現場でノウハウを獲得していくという働き方もあります。

インディペンデント・プロデューサーを目指すというビジョンを持つ人には現実的な選択といえます。

4

独立・起業のコツ

■新規事業を始める

シニアが独立・起業し、インディペンデント・プロデューサーを目指すことは、理に適《かな》ったことといえます。年齢にかかわらず、働ける限り仕事を続けていくことができるからです。

シニアが独立・起業するためのコツは、お金・時間・体力をあまりかけないことです。退職金をすべて投資するような、大きな初期投資が必要な事業、長時間労働に陥る可能性のある事業、体力勝負の事業は、いずれもリスクが大きいので避けるべきです。よくラーメンが好きだからといって退職してラーメン屋を始める人がいますが、実際に成功する人は極めて少数です。未経験のことを一から始めるのは、それだけリスクが大きいということです。そういう意味では、これまでやってきた仕事の延長線上で独立・起業することが、最も効率的といえます。

新規事業を始める場合、たくさんの従業員を雇って会社を大きくしていくよりも、一人（もしくはごく少人数）で経営していく方がおすすめです。その方がリスクが小さくてすむからです。

日本は人口が減少しており、今後、経済規模は緩やかに縮小していくと考えられていきます。そのような状況の中で、これまでのように右肩上がりの成長を追い求めていくことは困難です。さらに、ＡＩやロボットが今後発達すれば、人がやる仕事は減少していき、大企業が安泰とは限らない時代になっていきます。

そのような環境では、一人でビジネスをすれば、経費を小さくできる分、売上高が少なくても利益を出すことができます。会社を大きくしてしまうと、縮小しにくいというデメリットもあります。

さらに、ＩＴの発達も、一人ビジネスにとって追い風です。多くの仕事が一人でできるようになっていますし、クラウドソーシングやテレワークが可能になり、オフィスを持たなくても仕事ができるようになっています。

一人ビジネスなら、時代の変化に合わせて事業を方向転換することも容易です。変化のスピードが速くなっていく中で、同じ事業がいつまでも通用するとは限りません。ただ、方向転換といっても、まったく新しい事業を始めるのはリスクがあります。ですから、今の事業を続けながら、関連する新たな事業を増やしていけるといいでしょう。そのためにも、労働時間の効率化を図り、空いた時間は常に新しい情報を外部から吸収して、新事業のアイデアを生み出すこと。すなわち次の成長戦略の仕込みを行うことが大事になります。

■フリーランサーとして独立

一人でビジネスをしていくのであれば、わざわざ会社を設立しなくても、フリーランサー（個人事業主）として手軽に独立することが可能です。

中でも最もリスクの少ない方法として、会社と業務委託契約を結んで働く「独立業務請負人（インディペンデント・コントラクター＝ＩＣ）」が挙げられます。コンサルタントが会社を外から支援するのに対して、ＩＣは社内に入って業務を支援します。

例えば、定年退職の際に、再雇用ではなく会社と業務委託契約を結ぶことによって、これまでと同様の業務を続けることが可能になります。業務委託契約のメリットは、従業員ではないため就業規則の適用を受けず、兼業禁止規定にも抵触しないことです。そのため、複数の企業と契約して仕事をすることが可能になります。

また、コストの面からシニアの雇用は難しくても、業務委託であればマッチングできる会社は多いと思われます。例えば、立ち上げたばかりのベンチャー企業などの場合、やるべき仕事はたくさんあっても人を雇うことは難しいものです。そういう場合に業務委託契約を結んでスポットで仕事を発注するニーズはあるはずです。また中小企業でも、大手企業のノウハウを活用するために業務委託を利用するニーズはあるでしょう。

ただ、現状は企業とＩＣのマッチングを行うところは多くはありません。経験者を顧問という肩書で、企業とマッチングさせているサイエスト社のグローバル顧問は数少ない好例です。一方、クラウドソーシングのサービスもありますが、費用が比較的安いのがネックです。そのため、現在勤めている会社や取引先などで業務請負の可能性を追求していくことが現実的です。まずは自分の実力をわかってくれている身近な勤務先や取引先などの仕事を請け負って実績をつくり、そこから徐々に顧客を広げていくとよいでしょう。

業務請負は数カ月など短期間での契約が一般的です。そのため、従業員と比べると不安定さは否めません。待っていても仕事は来ませんので、顔を広げることも必要になります。日頃から人と会うことも仕事と心得ておきましょう。

インディペンデント・プロデューサー
事例1

独立起業を支えたのは、社外の人的ネットワークとかつての教え子たち

ヒューマン・アセット・コンサルティング代表取締役
廣橋潔則さん

営業の経験が「今」をつくってくれた

富士ゼロックスの複写機の営業担当としてキャリアを重ね、その後は本部スタッフとして営業強化をはじめとした数々の教育プログラムの企画開発、運営に携わってきた廣橋潔則さん（66歳、1952年生まれ）。55歳の時に同社を退職し、自身の会社を設立。現在は中小企業の若手経営者の育成や企業研修の講師などで活躍しています。廣橋さんはなぜ、独立起業の道を選んだのでしょうか。

廣橋さんは大学卒業後、証券会社に就職します。持ち前のコミュニケーション力とバイタリティを活かして、飛び込み営業で毎年70人もの新規顧客を獲得しますが、2年後に退職。複写機メーカーの富士ゼロックスに転職します。

「証券のように実際にそのモノを見ることなく売買して手数料を稼ぐ仕事ではなく、目

に見えるモノを売ってお客様に喜んでもらいたいと思うようになったのです」

廣橋さんが入社した1980年当時は、「ゼロックス」という言葉が複写機の代名詞として使われるほど、同社の複写機は品質の高さで業界をリードしていました。そのため、当時は安売りを一切しない営業方針でしたし、レンタルという他社にない販売形態でした。そんな中で廣橋さんは、縁のなかった関西の出張所に配属されながら、証券会社時代に培った営業力で、新規顧客を次々と開拓していきました。

「お客様は小さな事業所がほとんどでしたから、証券会社時代に培った一対一の営業スキルが役立ちました。初めのうちはお客様に嫌がられても、めげずに足繁く通って徐々に受け入れてもらい、一年程度の期間をかけて成約に結びつけていきます。また、当時の上司からは、まだ一般に広がっていなかった『お客様第一』の姿勢と、個人ではなく組織を攻略することの大切さを学びながら、自らの営業手法を磨いていきました」

キャリアの転機となった教育業務

東京に戻りたいと考えていた廣橋さんは、上司に直訴し、5年間の地方勤務を経て東京勤務となります。1987年（34歳）から10年にわたり都内各地の出張所長を務め、組織営業を実践してきましたが、そのキャリアに転機が訪れます。1997年（44歳）、本社の営業力強化推進部（のちに人材開発センターに発展）に配属され、営業の現場を離れたのです。

同推進部が担うのは、販売会社を含めた営業スタッフの教育です。廣橋さんは、これまでの営業経験を活かし、幹部育成プログラムや営業力強化プログラムの企画開発や現場での展開に携わります。

「教育の仕事は、人が成長して変化する機会をつくり、その瞬間に立ち会えることから、すっかりはまってしまいました」

廣橋さんが開発に携わったプログラムの中でも、全国に展開され、他企業に外販されるほど高い評価を得たのが、顧客価値を創造する営業力の養成を目的とした「カスタマーバリューマーケティング」プログラムです。廣橋さん自身も講師を務め、2年間で2000人以上が受講しました。

「有名なマーケティングの3C（顧客・競合・自社）の視点だけでは、モノ売りの視点から脱することはできません。それらに『顧客の顧客』、『顧客の競合』を加えた5Cの視点で顧客の戦略的課題を把握し、顧客価値の創造に結びつけていくユニークな手法でした」

2000年（47歳）には、30人弱の部員を抱える販売教育部長に就任します。「営業を通じて日本のマーケティングを元気にしたい」という思いを掲げ、販社を含めたゼロックスグループ全体の販売部門の強化に向け、各種コースの企画・開発・展開を主管しました。

２００2年から3年ほど営業に戻った後、２００5年（52歳）に富士ゼロックス総合教育研究所に出向となります。同社は富士ゼロックスの教育を外販する子会社で、廣橋さんはＦＸ（富士ゼロックス）事業力強化部長として、国内外の教育に携わります。また、富士ゼロックス特約店の後継者を対象に6カ月間、毎月2日間経営戦略手法を教育する「経営塾」を立ち上げます。２００7年（54歳）にはチェンジマネジメントコンサルティング部長として、シニア社員の転身教育にも携わりました。

「60歳になった時、どんな人生を送っていたいか」を考える

２００8年、55歳の時に廣橋さんは富士ゼロックス総研を退職し、自分一人の会社「ヒューマン・アセット・コンサルティング」を設立します。このタイミングで独立・起業した理由について、廣橋さんはこう話します。

「経営塾を3年やったところで、教育は一通りやったという思いがありました。そんな時に、50歳でシニア研修を受けた時に書いた『自分への手紙』が5年後に人事から送られてきたのです。読み返してみると、そこに『教育会社を立ち上げて独立する』と自分で書いていました。そこで、改めてこれから先のことを考えることにしたのです。

当時の富士ゼロックスでは、役員以外は57歳での役職定年制度が導入されていました。役職定年になった先輩の話を聞くと、仕事らしい仕事もない様子でした。それなら、いっそ自分で仕事（会社）をつくればいいと思ったのです」

独立後の仕事を得るために、社員時代からの人脈を活かして研修会社の講師となる契約を交わしました。また、知り合いの複数の講師と連携し、例えば「営業強化なら廣橋」といったように、それぞれの強みを活かせそうな研修の打診があれば紹介し合うようにしました。

それでも、独立してやっていける自信はまったくなかったそうです。なぜなら、廣橋さんが携わってきたのは外販向けではなく、富士ゼロックスのパートナー会社向けのプログラムだったため、ほかの企業から仕事を得られる保証はまったくなかったからです。

では、それでも独立を決断させたものはいったい何だったのでしょうか。

「これから先をどう生きたいか、という思いではないでしょうか。自分が60歳になった時にどんな人生を送っていたいか自問してみた時、再雇用で年金がもらえる程度の給料で、しかも簡単な作業を3人で分けて3日かけてやるような仕事は自分は選びたくありませんでした。組織には、育ててくれた感謝の気持ちもあり、仕事に対する愛着もあります。しかし、しがみつくほどのこだわりはありませんでした。残っていてもいずれは定年を迎えるわけですし、定年後も再雇用という形で引き続き勤務することは、考えていませんでした。再雇用を希望しないのなら、会社をいつ辞めても同じです。役員にならない限り、役職定年制によって仕事はどんどんなくなっていくわけですから」

これまでを振り返って、独立起業が成功した要因として、廣橋さんは「人との関わり」を挙げます。

「独立後、社員時代に携わっていた経営塾などのかつての教え子の皆さんから声をかけていただいたり、社員時代に連携していた企業から『独立したら営業力強化のコースをやってほしい』と依頼されたりしてきました。ですから、独立を成功させる上で最も大事なものは人脈です。

ただし、人脈といっても単なる知り合い程度だと、仕事を紹介されることはありません。大切なのは、志を同じくする人を何人持てるかです。私の志は、人から『助かったよ、ありがとう』と感謝されることです。経営塾の教え子の皆さんたちは、まさに同志です。彼らが地元で独自に経営塾などを立ち上げ、同志の輪を広げてくれているので、同時に私の仲間も増え拡がるのです。

これからも、『感謝、感激、感動』をコンセプトに、元気な営業マンを一人でも多く支援していきたいと思います」

意気軒昂で今も生き生きとしている廣橋さんのエネルギーは、やはり自分の人生のテーマを持ったことではないでしょうか。「助かったよ、ありがとう」という言葉をいただけるように、世のため人のために生きることを心から願っている、そんな人生のテーマを見出せたのが、インディペンデント・プロデューサーとしてたくましく生きていくコツといえそうです。それは、過去の自分の歩みの振り返りから生まれるのかもしれません。自らを振り返って自分が本当に大事にしたいことを思いだす。つまり自分自身を発見することの大事さをしみじみと感じました。

なお、廣橋さんの独立企業の物語が『アラフィフ世代に贈る起業術』（セルバ出版）という本になって出版されています。独立を考えている方への「ワクワク、ドキドキ、イキイキ」という廣橋さんらしい起業ノウハウが、余すところなく紹介されています。

インディペンデント・プロデューサー
事例2

“出世の呪縛”が解けた時が、ライフシフトの準備を始めるチャンス

リスタートサポート木村勝事務所 **木村勝**さん

35歳の時、急性心筋梗塞で倒れる

木村勝さん（57歳、1961年生まれ）は、『働けるうちは働きたい人のためのキャリアの教科書』（朝日新聞出版）を2017年に出版するなど、中高年専門ライフデザイン・アドバイザーとして活躍しています。木村さんは、もともと、日産自動車の人事部門に勤める社員でした。出向・転籍を経て、52歳の時、企業から業務を請け負う個人事業主「インディペンデント・コントラクター」として独立しました。独立に至った背景には、三つの転機があったそうです。

木村さんが新卒社員として日産に入社したのは、1984年。人事課に配属され、横浜工場、地方営業所（販売出向）、本社海外人事担当、購買部門（部門間異動）と順調にキャリアを重ねていきました。入社10年後の1994年には静岡県の富士工場に配属され、総

括（一般に係長に相当する役職）として工場の人事労務全般を担当します。

「この頃が一番よく働いた時期でした。朝から夜11時頃まで働き、仕事が終わると、毎日のように上司に付き合って二次会、三次会まで飲んでいました」

そんな中、1996年、35歳の時、急性心筋梗塞で倒れ、一カ月以上入院します。これが最初の転機でした。

「それまでは、『今は我慢して、定年退職したらゆっくり温泉にでも行こう』と思っていましたが、この時から『会社員生活はいつまでも続かないのかもしれない』と考えるようになりました。また、もし会社を辞めたとしても、既往症のある人間に転職の選択肢はないだろうとも思いました。そうだとすれば、独立しかない。そのための一つの手段として、行政書士の資格を取りました」

その後、後遺症もなく無事に復職。1999年、自動車産業経営者連盟に出向します。同連盟は、春闘や労働条件の改定、厚生労働省の審議会対応など、自動車産業の労務関係全般を取りまとめる組織で、各社から出向社員が集まっていました。やがて同連盟は自動車工業会に吸収合併され、木村さんは課長職となり、労務全体を担当します。

「そこでは、トヨタやホンダなど、いろいろな会社の人と一緒に仕事をして、あちこちの事業所や工場に行きました。この時、自分は一カ所で決まった仕事を決まったメンバーでやるよりも、いろいろな人と仕事をする方が向いていることを実感しました。また、安全法制など法改正の調整に携わるなど、日産の人事では関わることのないような実務経験ができ、社外のネットワークも広がりました」

会社の経営方針が変わり、独立を決意

２００５年、44歳の時、日産ヒューマン・インフォメーション・サービス（ＮＨＩＳ）へと出向先が変わります。同社は、日産自動車人事部の中で、給与・福利厚生・採用といったオペレーション業務が分社化されてできた１００％子会社です。日産グループ全体の給与等のオペレーションを統合してシェアードサービスセンターとなることを目的としていました。木村さんは部長として出向しますが、一年後に同社への転籍を命じられます。これが二番目の転機となります。

「転籍というと普通は50歳ぐらいが多くて、45歳というのは結構早い方でした。それで、今後のキャリアに対する考え方がある意味でドライになりました」

ちょうどその頃、日産グループの中高年社員のセカンドキャリアを紹介する業務をしていた時に、会社の要請でビューティフルエージング協会が主催する「ライフデザイン・アドバイザー研修」を受講します。

「内容は、会社生活だけでなく、より長い目でキャリアを考えるというものでした。私自身、ちょうど日産から転籍したばかりの時期だったので、改めてこれからのキャリアを考えなければいけないというマインドに変わりました。研修の最後に、自分の将来のキャリアを発表する機会があるのですが、その時に『55歳で辞めます』と宣言しました」

NHISは2011年、ビジネス・プロセス・アウトソーシング事業のグローバル企業ジェンパクトに売却され、経営陣が入れ替わり、経営方針が大きく変わりました。木村さんの役割も、ビジネスを拡大していくためのサポート人事に変わります。これが、三番目の転機でした。

「人よりもビジネスを優先する経営に変わり、このままやっていても先が見えない。先が見えないなら、ここが独立を決断するタイミングだと感じました」

日産に入社してから30年後の2014年、52歳の時に木村さんは会社を辞め、個人事務所を開設して、インディペンデント・コントラクターとして独立します。

独立後を支えたのは会社員時代に培った人脈

木村さんは独立する一年ほど前から、独立を視野に入れてインディペンデント・コントラクター協会に顔を出していました。

「独立後の仕事の当てはありませんでしたが、協会に関わる中で『雇われない、雇わない』というコンセプトと、自分の専門性を武器にして仕事をしていくという考え方に共感し、そういうマインドが植え付けられました。今の会社の仕事を続けるよりも、これまでの会社勤めで身につけてきた人事のスキルを、よその会社で活かしてもらった方がハッピーだと思うようになったのです」

独立すると、会社員時代の上司や先輩の紹介で、徐々にではありますが仕事の依頼が舞い込み始めました。例えば、日産時代の先輩が勤める、ある会社の場合、業務請負に関する管理職向け説明会の講師をスポットで引き受け、その後インディペンデント・コントラクターとして業務委託契約を結び、週2〜3日、人事業務を請け負うようになります。また、ある部品メーカーの給与体系見直しに伴う就業規則類の見直しを手伝ったり、日産を退職した人が新たに立ち上げた会社の就業規則や役員規則などの策定業務を引き受けたりしました。木村さんが受ける仕事はすべて知り合いのネットワークからの紹介とのことです。

また、ライフデザインアドバイザー研修を一緒に受けた人たちとは同期会で交流を続け、受講者OBの紹介で電気通信大学の講師を務めるようになります。研修を主催するビューティフルエージング協会とは、その後も事務局のボランティアをするなど関係を持ち続け、

2018年からは自身もビューティフルエージング協会で講師を務めています。

「声をかけられたら、できるかできないかを考えず、とにかく引き受けるというスタンスで取り組んでいます」

木村さんはシニア世代へのアドバイスとして、次のように話します。

「40代や50歳前後のうちは、まだ子どもの教育費や住宅ローンなどがあり、会社を辞めるのはとても勇気のいることだと思います。ですから、無理をして独立を目指す必要はありません。50代半ばになり役職定年になるなどで先が見えてきたタイミングでも遅くはありません。役職を外されたからといって腐ることはなく、実務をしっかりやって、自分が確実にできる仕事を増やしていけばいいのです。

昨今、大企業では分業が進んでいて、ある分野の業務を一気通貫でできる人が少なくなっています。そういうスキルを持つことができれば、中小企業やベンチャーなどでは必ず役に立つと思います。〝出世の呪縛〟が解けた時から、自分のキャリアのために意識を変え、自分のキャリアに責任を持つ。そのタイミングが早ければ早いほど、ライフシフトには有利です」

自営業としての「独立」は、その道の専門家として一匹狼で価値を提供することと言えます。木村さんのような人事・労務以外にも、経理、法務、総務、営業、マーケティング、生産管理、生産技術、設計、研究、購買、ＩＴ関連、海外展開などなど、さまざまな領域があります。特に中小企業では、専門家のノウハウがなく困っている会社が大変多いので、アドバイザーやコンサルタント、顧問などの形で独立して、フリーランサーとして企業を渡り歩く働き方は、今後大いに可能性があります。

その意味では、今いる会社でしっかりとノウハウを身につけることがまず重要です。経験なしに資格さえ取れば、という考え方では底の浅さが露見します。まず①自社でのしっかりした経験を蓄えること。そして②それを最新の状況に合わせて常にアップデートすること。さらには、③関連領域を加えるなどして自分独自の付加価値を提供できるようにすること。これらが一人事業主として独立できる、インディペンデント・プロデューサー型のライフシフトの秘訣なのです。

インディペンデント・プロデューサー
事例3

大企業の社員から露天骨董商に転身、「幟旗《のぼりばた》」の第一人者に

幟旗収集家・研究家　**北村勝史《よしちか》**さん

父親の影響を受け骨董に興味を持つ

神社に立てられる、大きな文字が書かれた「奉納幟《のぼり》」や、端午の節句に飾られる、武者絵が描かれた「節句幟」。こうした幟旗は、いずれも江戸時代に広まった民衆文化ですが、これまで、その美術的価値が顧みられることはあまりありませんでした。そんな幟旗の価値に早くから着目してきたのが、幟旗収集家（屋号「幟家《のぼりや》」）の北村勝史さん（80歳、1938年生まれ）です。

北村さんはもともと日本IBMの社員でしたが、1993年に55歳で早期退職し、骨董品の露天商に転身します。露天商を営みながら幟旗の収集とその価値を世に広める活動に努め、現在は幟旗の第一人者として美術界に知られる存在となっています。

北村さんが骨董に興味を持ったのは、父親の影響でした。北村さんの父親は、戦中から

終戦直後の物資の不足した時代に紙織物の事業で成功を収め、北村さんは裕福な子ども時代を過ごします。しかし、経済成長期に入ると紙織物は凋落の一途を辿り、心労が重なった父親は、北村さんが5年生の時に急逝。屋敷や財産は借金の形に取られ、母子3人は六畳一間の借り間暮らしとなります。

「仕事のない母と、まだ子どもだった兄と僕の3人が、その後3年にわたって生活できたのは、父親が趣味で収集していた膨大な骨董品のうち、骨董屋も持っていかなかったガラクタを売り食いしたおかげでした。この時、骨董は趣味としては良いものだと、子ども心にも感じました」

日本IBMで学んだ三つのこと

苦労しながら大学まで進学した北村さんは、「給料が高く、将来性があり、自由な風土があった」という理由から、1961年、コンピューターメーカーの日本IBMに就職します。退職するまでの32年半、営業畑一筋で勤務してきました。

「人におべっかを使うのが嫌で、営業だけはやりたくなかったのですが、結果的には良かったと思います。自分には不向きと思えるような仕事でも、自分なりに工夫してチャレンジすれば、道は開けるものだという自信がつきました」

日本IBMでは、その後の人生につながる三つの大きな財産を得たと言います。

一つ目は、人を見る目を養ったこと。北村さんは28歳の時（1966年）、政財界の要人を集めた一週間の合宿研修で、当時まだ知らない人が多かったコンピュータの有用性を説明する初代インストラクターに任命され、4年間担当します。

「トップクラスの人たちと寝食を共にする中で、彼らの人間像を観察することができました。やがて、その中から将来、社長や副社長になる人を見抜けるようになりました」

二つ目は、プランニングのスキルを身につけたことです。32歳の時（1970年）、営業担当者が次年度の営業計画を立てる方法を開発するプロジェクトに入り、米国IBMの手法にならった「アカウント・プランニング・セッション」を開発します。さらに、その手法を応用して、顧客の計画実行を支援する「カスタマー・プランニング・セッション」も開発し、顧客向けのサービスプログラムとして好評を博しました。

そして三つ目は、40代後半に、他社との合同事業プロジェクトの推進部長として、その立ち上げを任されたことです。

「3社による合弁会社をつくり、50社からプロジェクトメンバーを集めるという大がかりなプロジェクトでした。事業自体は成功とは言えませんでしたが、これだけの規模のプロジェクトをまとめることができたことは、自分にとっては大きな成果でした」

北村さんが日本IBMで最後に務めたのが、営業本部の人事担当部長でした。折しも、日本で初めてのリストラプログラムといわれる、50歳以上の社員を対象とした、「セカンドライフ支援プログラム」が開始され、北村さんはその推進役となります。

「僕自身は、初めは定年の60歳まで勤めるつもりでいましたが、次第に、50代でまだ体力があるうちに、自分の好きな趣味の道に進んだ方が人生は楽しいのではないかと思うようになりました。早期退職者に支払われる割増し退職金で住宅ローンが完済できることも、背中を押すきっかけとなりました」

「幟旗の価値を知らしめること」を使命に

北村さんは、働き始めてから、趣味で骨董収集を続けてきました。33歳（1971年）の時、奈良の骨董屋で偶然、江戸時代の幟旗に出合い、そこに描かれた子どもの絵の美しさと力強さに魅了されます。

「ひと目で、これは美術館に展示されている有名な絵にも引けを取らない価値があると感じました。早速、知り合いの骨董屋や美術館に問い合わせましたが、誰も関心を持ちません。『このままでは幟旗は歴史に埋もれてしまう、何とかしなければ』と思いました」

それ以来、「江戸時代の幟旗の文化財的価値を世に知らしめる使命がある」と考えるようになった北村さんは、営業サポートで全国に出張する機会を利用して、各地の骨董屋を巡り、少しずつコレクションを増やしていきました。しかし、自分の足で探すのは、楽しい反面、効率が良くありません。そこで、退職を機に、自ら露天骨董商になることを思い立ちます。骨董商になれば、良い幟が向こうからやってくるようになります。また、露天であれば、トラックが1台あればよく、家賃や人件費のような固定費がかからないというメリットもあります。もちろん、露天商という性格上、通常のサラリーマン人生にはない稀有《けう》な苦労にも遭遇しますが、持ち前の明るさと「使命感への執念」で乗り切っていきます。

北村さんは、会社を辞める際に、得意の計画立案のスキルを使い、第二の人生計画（20年計画）を立てます。目標として、日本初の江戸時代の幟旗の鑑賞書の刊行、そして都心の有名な美術館・民芸館の要請による展示会の開催の2つを掲げたのです。

「目標は、努力すれば実現可能な事項で、達成すべき内容を明確なものにすることが大事です」

美術館で展示されるには、一級品である必要があります。そこで、収集は量より質を追求します。家計に影響を及ぼさないようにするため、所蔵品より良い幟旗を入手したら、一本ないし数本を売りに出すことで、質的向上を図っていきました。

さらに、商売を通じて良質な人脈を広げていくことが一番重要な戦略でした。そのため、露天では質の良いものだけを扱うことにより、北村さんの店には美的センスを持った人たちが集まるようになりました。

「成果は、『自分の努力＋人生で縁を得た他人の力』によって決まると思っています。情熱を持って活動していると、不思議と素晴らしい縁ができるんです。計画達成を支援してくれる優れた人たち（心友）との人脈形成の基本は、『相互尊敬・相互信頼・相互慈愛・相互感謝』が要件であります」

実際、露天を通じて人脈が広がり、依頼を受けて二つの美術大学で非常勤講師を務めました。また、目標だった鑑賞書『江戸期の絵幟』（絵手紙）、『江戸期の文字幟』の出版や、日本民藝館や渋谷区立松濤《しょうとう》美術館など、名の知られた場所での展示会も実現することができました。さらに２０１２〜13年には、夢であった欧州での展示会（オランダ・ロッテルダム・ワールド美術館）も実現することができました。

予定よりも早く目標達成を果たした北村さんは、72歳で露天骨董商をたたみ、第三の人生を歩み始めました。72歳の時、立てた第三の人生計画（15カ年）のテーマは「健やかで、さわやかで、清らかな人生」。２０１８年に80歳を迎えた北村さんは、健康な生活を心がけながら、展示会や講演会などの活動を続け、充実した日々を過ごしています。

北村さんが55歳でライフシフトをスパッと決心し、第二の人生を成功させることができたのは、自分自身の子どもの頃の体験や日本IBMでの経験（自分の好きなこと、修羅場体験、習得したスキルなど）を財産として棚卸しし、存分に活かすことができたからではないでしょうか。特に、日本IBM時代の働きぶり、すなわち現業にいかにしっかりと取り組むかが60代以降のライフシフトの成功のカギとなることを示してくれています。第一の人生行路の中で変身資産をしっかり蓄え、それをきちんと棚卸しして、幟の収集家を目指すという新たな文脈（ライフシフトビジョン）の中で再編集しています。

インディペンデント・プロデューサーは一人事業主そのものであり、自己責任の重圧はありますが、自分らしく生きる典型でもあります。それゆえ、北村さんは、企業の中でも管理職であれば求められる自事業のビジョンづくりで培った経験を応用して、露天商としてのビジョンもしっかり立てています。「日本初の江戸時代の幟旗の鑑賞書の刊行と都心の有名な美術館・民芸館の要請による展示会の開催の二つ」を掲げたのです。また、同様に企業の中では「Values」や「Way」が重要ですが、北村さんは「成果は、『自分の努力＋人生で縁を得た他人の力』によって決まる」など、自分自身の事業経営の「ウェイ」づくりも行っています。

このようにインディペンデント・プロデューサーで成功するには、自分が培った第一のキャリアでの経験を応用することが重要なのがわかります。読者もご自身の20年や30年の歴史を振り返り、整理してみると、必ずや自分の可能性の選択肢と自信が見えてくるでしょう。

第4章

ライフシフトを成功させる「変身資産」のつくり方

これからは言うまでもなく変化とスピードの時代です。人工知能（ＡＩ）の飛躍的な進化によって、生活も仕事も遊びもあらゆる面が影響を受けるようになります。医療の進歩、生活の利便性も向上し、１００歳人生が現実になってくる中、私たちはいやがおうでも、新しい生活と労働に巻き込まれていきます。そうした中でライフシフトも必然になってくるわけです。

学校を卒業し、社会人になって以降、新しい時代に対応した勉強をせずに、ひたすら社内にこもって仕事漬けとなって定年を迎えるというこれまでの生き方は、もはや通用しない時代です。これからは会社も技術や市場の変化に合わせて、次々と新しい能力を要求するようになるはずです。そもそも会社の寿命は20年前後といわれるように短縮しています。平均的な人であれば60歳定年だとしても、２回の転職・キャリアチェンジが必要ですし、80歳まで現役となると、さらなるキャリアチェンジが見込まれます。

そうした、自分自身に押し寄せる波を乗り越えていくために必要なのが、不断の「知の再武装」です。どんな変化が来ても使えるように、新たなスキルを準備し、磨き続けないといけないのです。常に自分の力を磨き続け、自ら新たな波に乗り移る姿勢で、プロアクティブにライフシフトさせていくことが肝要です。

70歳くらいの人たちが同窓会で再会すると妙に老け込んでいる人がいる一方で、はつらつとしている人もいて、差がとてつもなく大きいとはよく聞く話です。また初対面の人に自己紹介する時に、「元××社の部長でした」ということしかいえずに、60歳以降の十数年が、さらにはその先も空白になっている人も珍しくありません。人生100年時代、そうした生き方は決して豊かな老後とはいえないでしょう。

知の再武装とは、こうした事態を避けるために、不断の「スキル転換能力」を身につけるということでもあります。どんな状況になっても、その状況の変化に耐えられる、すぐに対応できる、そんな力を身につけることで、知の再武装が苦にならず、絶えず新たな知の地平を求めて、自分をブラッシュアップしていくことができるようになるわけです。

こうして蓄えた力、すなわち「人生100年、80歳まで現役」の時代に合う「マルチステージ」の人生へとライフシフトを実現する能力として蓄えた元手。これが「変身資産」です。この貯金が多ければ、ライフシフトはしやすくなるはずです。そして自分の資産のポートフォリオを管理し、充実させていけば、どのような人生を送れるのか、どのようなライフシフト先のオプションがあるのかが見えてくるわけです。

1 変身資産を形づくる5つの力

ここからは変身資産について述べていきましょう。第2章で紹介したとおりリンダ・グラットンは『ライフ・シフト』の中で、生産性資産、活力資産、変身資産と、ライフシフトに必要な資産を3つに分けています。

本書では、ライフシフトそのものが変身であるゆえ、大きな意味で、すべてを変身資産と定義し、日本の読者にわかりやすいように、5つに整理しました。詳細や測定の方法などはライフシフト社のホームページをご参照ください。

私たちが定義する変身資産は、5つの力から成り立ちます。すなわち、①**オープンマインド**、②**知恵**、③**仲間**、④**評判**、⑤**健康**。この5つです。

1. オープンマインド

オープンマインドとは、変化を乗り切る意志力を生み出すものです。人間誰しも変化に対応するのは億劫ですし、リスクを伴うので避けがちです。しかし、ライフシフトの本質は、長い人生に合わせて人生を変え続けること。長い人生をいろいろな形で楽しむことです。型にはまった人生ではなく、変化のある人生を楽しむには、変化を受け入れ、エンジョイする力が必要なのです。そのためには3つの要素があります。

①ポジティブマインドセット

ライフシフトとは人生を変えることです。が、そもそも何を変えるのか？　どこを変えるのか？　それがわかっていなければ変えることはできません。人生をあてもなく過ごしたり、周囲に翻弄されてしまう人は、自分自身の立ち位置をきっちりと認識できていないのです。自身の立ち位置を認識するにはまず、自分の過去を理解する必要があります。過去を理解してこそ、自分がこれまで生きてきた中で、何を大切にしてきたのか、何が思うとおりにならなくて未達成なのか、もっとやりたかったことは何なのか、将来への道筋が見えてきます。

また、現状の理解も重要です。現状を理解してこそ、次の一手が見えてきます。次の2～3年で何をするべきか、どこを変えなくてはならないのかを認識できるわけです。この過去や現在の自己を知る、その動機はなんでしょうか。それがポジティブマインドセットなのです。自分は何かできる、やればできる。そんなポジティブなスタンスがあるからこそ、自分を見つめようと努力します。ポジティブなマインドがあるからこそ、無意識の自己限定を外し、真摯に自分を見つめることが可能になるのです。

このように、自分の過去から現在に至るまでに培われてきた「自分らしさ」をまずスタート段階で持ち、さてどうするか、と考えることが必要なのです。変えたいこと、変えたくないことがあるでしょう。逆説的ですが、変えたくないほど強い思いを持っていればこそ、時代の変化に合わせてライフシフトしなくては達成できないのです。パブロ・ピカソが言うように、「自分の思いを貫くとは、時代の要請に合わせて、自分自身を変えていくこと」なのです。ライフシフトのスタートは、まず自己を知り、自己の思いを遂げたいという前向きな気持ちを持てるかなのです。

②未来への思い

ライフシフトの原動力は未来への思いです。80歳までどういう現役人生を送りたいのか、です。もちろん30代の方はいきなり80歳までと言われても遠すぎる未来なので、まずは40歳代の自分像でもいいでしょう。未来へ向けての自分のビジョンを持つことで、日常の滑った転んだに翻弄されずに、たとえ時間はかかっても日常に埋没しない人生を描くことが可能になります。

また、この未来への思いは仮説でもあります。一度決めたら動かさないというわけではなく、自分の当面（例えば次の10年）の未来仮説として、それを信じて動くシナリオです。それゆえ、途中で新たな事態や新たな希望が出れば当然変更可能です。事例で登場する9人のライフシフト経験者もみなさん、紆余曲折を楽しみながら、人生を充実させ続けているのです。自分はこうありたいという未来への思いを、少しずつ形を変えてでも、一歩ずつ実現していっているのです。

一橋大学名誉教授の野中郁次郎先生の言葉で、筆者が影響を受けたものをご紹介しましょう。自分が未来に向かって成し遂げたいと思う、自分が追求したい真理（夢といってもいいでしょう）を大事にすべきと説いています。

「真理の追究は、利潤追求の企業組織では甘い理想主義かもしれないし、限界があるのかもしれない。しかしあるがままの現実と戦うばかりでなく、真理性を追究しながら目の前の現状を打破していくものこそが、革新の主体であることも事実であろう」

③チャレンジ精神

ライフシフトとは現状への安住の否定です。それゆえ、自分の慣れ親しんだコンフォート・ゾーン（ぬるま湯状態）から抜け出し、少しストレッチ（背伸び）することが必要です。それも、今の仕事でのストレッチ目標の追求ではなく、今の生き方を変えるためのストレッチです。目線を今の会社や今の環境から少し引き上げ、外の世界を覗いてみる勇気が必要です。

そして、新しいことに挑戦するマインドです。怖がっていたり、面倒臭がっていて、これまでの自分の世界に引きこもっていてはライフシフトは不可能です。人間には必ず知的な好奇心があります。好奇心に蓋《ふた》をしないで、一歩踏み出す勇気、チャレンジ精神を確認しましょう。現にライフシフトを実現した多くの方は「まず飛び出すこと」が大切だと言います。完璧な正解、絶対安全な未来を求めていては、何も起こせないというわけです。

私たちにはこれまでの人生の中で、必ずや勇気を出して何かを成し遂げた経験があるはずです。それがたとえ失敗に終わったとしても、そもそもスタートした経験。これが大事なわけです。そんな自分を信じて、自分の中に秘められている挑戦するマインドを確認しましょう。少しストレッチして、「未来の自分像という仮説」を思い描き、それをゴールとして設定し、そこに向かって自分のマイルストーンを置いて、逆境経験を織り込んで、一歩ずつ難しいことにもチャレンジしながら自分自身を導いていくのです。自分自身に対するリーダーシップが生まれます。

2. 知恵

ライフシフトを成功させる大きな要因は、やはり人生を生き抜くための総合的な知恵で、いかに自分が社会やお客さまに貢献できるか、その力量です。プロとして80歳まで現役を貫くために、自分が使える知恵は何なのか。また、今後蓄えていきたい知恵は何なのか。

この知恵の資産形成には時間がかかります。せっかく築いてもあっという間に陳腐化する可能性もあるので、知の再武装を心がけてポートフォリオを最大化するように、マネジメントしていかねばなりません。

①知識・スキル

自分が活かせる知識やスキルに気がついていない人は案外と多いものです。50代なら社会人になって30年。30代の人であっても10～20年は社会や組織に貢献し、価値を生み出してきているはずです。業界の知識、職種固有の知識、仕事から学んだスキルなどさまざまな知識・スキルを持っています。まずはその資産がどれくらいあるのか、棚卸しをしましょう。これは第5章でそのフレームワークを紹介します。

問題はその先です。棚卸しした資産を今度は、今いる企業や組織の外でも使えるものなのか、今後やりたい環境でも使えるものなのか、そのマッチングの確認が必要です。役立ちそうになければ資産価値は減ってしまいます。また、知識やスキルは生きものですから、旬でなければ価値は下がります。

さらに、自分固有の知識・スキルであればプレミアムがつき、価値は上がります。このような点を考慮して、自分の資産価値を高めていかなくてはなりません。

こうした点で、社会人としての経験で培ってきた知識・スキルの価値をライフシフトへ向けて、飛躍的に高める手段が大学院（ＭＢＡ）です。筆者の勤務する多摩大学大学院ではまさに「知の再武装」をコンセプトに１００歳人生を生き抜くために、社会人の方の経験知を再構成し、自分なりの知恵や知の体系としてレバレッジする場を提供しています。

②経験の幅

知識・スキルに加えて重要なのが、経験の幅です。かつては終身雇用に価値がありましたが、今はまったく逆です。ライフシフトにあたっては、いろいろな経験を積んだ人の方が身軽に動けピボットしやすいからです。経験を積むことはいわば「実践知」を積むことなのです。知の源泉である暗黙知は経験を通じた身体知であり、そこで初めて私たちは、実際の場面で起こる一回性のできごとにも面食らわずに適時的確に考え、行動するための判断能力、すなわち実践知を磨けます。豊富な経験とはまさに豊富な実践知につながるのです。

この経験には、部門間異動（異職種）の経験、プロジェクトリーダーの経験、管理職の経験、組合役員の経験、修羅場の経験、海外勤務の経験、シャドーワークの経験、転職経験、兼業・副業の経験、ＮＰＯ・ＮＧＯやボランティアの経験、地域コミュニティでの経験、趣味の世界での経験、子どもの学校関係での経験、闘病生活や死に直面した経験、家庭内での難問の経験などさまざまあるでしょう。こうした経験の多様性がライフシフトの可能性を広げます。あなたはこのうちどれに直面した経験を持っているでしょうか？

③教養

ライフシフトが重要になるこれからの時代は、一本調子で成長してきた経済は曲がり角を迎え、人工知能が職業への不安をもたらし、世界の秩序が再構築されていく不確かな時代でもあります。こうした中で自分はどうライフシフトしたらいいのかと悩むでしょう。安泰なものはないのかもしれませんから。しかし、私たちが人間である以上、人間らしさは変わらないといえます。人間らしさの根源である真善美への意識、人間臭さも醜さも変わらないでしょう。

そうした人間らしさを深く理解して、誤った方向に至らしめず、より多くの人が平和で安心な生活を送れるようにすること、世界の人々が貧富の差に苦しまずに暮らせるようにすること、そんな方向で、ライフシフトを考えていくことが正しいのではないかと私は考えています。

ただ単に100歳までの生活費を稼ぐために、現役を80歳まで続け食いつないでいくか、金儲けしていくかだけでは、淋しいライフシフトではないでしょうか。むしろ社会を豊かにハッピーにするために、自分は何ができるのか。そんな観点でライフシフトを遂げることこそ、価値のあるライフシフトといえると考えます。

そういう意味では、先行きの見えない時代において、教養がますます重要になっています。自分が未来を正しく判断するための自己の時代認識や世界認識が大事な実践的教養です。そしてそのベースになる歴史、哲学、芸術、宗教などの教養・知識が欠かせません。こうした教養は変身資産に重みを与えるだけでなく、ライフシフトにあたっての自分のビジョンを構築するのに必須となります。

3. 仲間

ライフシフト時代の現役生活は20代から80歳までの60年に及び、その間にいろいろなステージに遭遇することになります。その各ステージを引き寄せたり、そこで生き生きと活動したり、新たなステージでの悩みを相談したりと、すべての場面において重要になるのが友人の存在や人脈です。長い人生を孤独に歩むことなく、エンジョイするために、人的ネットワークは変身資産の中でもとても重要です。出会いが人生の輪を膨らませてくれるのです。

また出会いは偶然起きるということも重要です。狙い撃ちも大切ですが、それでは量は稼げません。量質転化の法則を信じて、より多くの場をつくり、出会いを楽しみましょう。そこから輪が広がっていくはずです。そういう意味では、出会いや頼まれることを断らない精神を大切にしましょう。ライフシフトの経験者の9人の方にも共通していたのが、出会いの機会を多く持ち、頼まれたことをまず引き受ける。みなさん、そのような生き方をされていました。選り好みをしていると自分自身も淘汰されてしまうことにつながります。

①親しい友人

3ステージの人生では、終身雇用やその中での会社命令での人事異動であったり、長期ビジョンに基づかないランダムで都度の身近な職業選択だったり、さらには意志に反するリストラなどの不測の事態での転職だったりと、深く自分のキャリアをデザインし能動的に機会をつくることはあまりなかったという人が多いのではないでしょうか。むしろ流れに身を任せてきてしまったという50代の人が大半でしょう。それゆえ、社内・社外の親しい友人に対してキャリアの相談はしなかったのではないでしょうか。その友人とて、ライフシフトの経験もなくお互いに深い話ができなかったのかもしれません。

しかし、今後のマルチステージの人生においては、いろいろな選択肢を自分の80歳までの現役人生のビジョンとともに考えざるを得なくなります。友人もそう。お互いに未来の自分像を忌憚《きたん》なく語れる仲間が貴重な資産になるわけです。それゆえ、お互いにこれまでの経験の範疇から抜け出して、思いを交流させることに意味があるようになるのです。自分の未来への思いを持ち、仮説を語ってみましょう。自分の未来像の仮説を語り合える親しい友人を社内外に最低でも3人ずつは持っている必要があります。

②ビジネスネットワーク

ビジネスネットワークとは、自分の提供できる価値をさらに高めてくれたり補完してくれる仲間や、コラボレーションを気軽に頼める仲間、自分の提供できる価値を認めて常連になってくれるお客さんです。未知の世界へ踏み出し、自分らしいワールドを築いていくのは不安だらけでしょう。最初の一歩が最も不安なのですが、そんな時にあなたの背中を押してくれる貴重な変身資産が、このビジネスネットワークです。

大企業に勤めていた方は、とても自分には会社を飛び出すなんてできないと思う方も多いようですが、大企業だからこそつながる人脈も多いのです。しかし、そういうふうに真剣に人脈形成をしてこなかったら、大企業の名刺も単なる看板でしかありません。中小企業やフリーでやっている方はもっと身近にネットワークの重要性に気づいていて、自然に網の目を張り巡らせているはずですが、自分の未来像の観点で見た時に、今までの人脈で十分なのかは要チェックです。自分の環境を冷静に見つめ、自分の未来像へ向けて、貴重な人脈を積極的に構築しましょう。そんなネットワークが社外に10人はいるでしょうか。

いずれにせよ大事なことは、今の会社にいる時間を無駄にしないようにすることです。今の会社での仕事に本当に真剣に取り組むことです。すなわち今の仕事で素晴らしい価値を生み出すことで、あなた自身が認められることこそ、人脈形成の第一歩なのです。単に媚《こ》びへつらったり、ごますりや飲み会でつなごうとしていては真の人脈ができないことは当然です。そういう意味でも40代で大きな成果を出すことはとても大切です。

「依頼はすべて断らない」という姿勢も重要です。すべての依頼に対して真剣に応えていくことで、自分の能力、価値、評判が高まり、人脈もどんどんと太く広くなっていくはずです。

③ソーシャルネットワーク

ソーシャルネットワークとは、直接的にビジネスとは関わらない幅広い人脈です。学校時代の友人・恩師・先輩・クラブの仲間、会社の同期・先輩・後輩、趣味の仲間（ゴルフや囲碁など）、社会人ＭＢＡの同級生仲間、異業種交流で知り合った仲間、前の会社の同僚、取引先で気の合う人、ボランティア仲間、常連となっているお店のマスターなどなど。みな多様な人脈を持っているはずです。そういう利害関係のない友人の輪も大事な変身資産になります。助け舟はひょんなところからくるものだからです。

4．評判

評判（Reputation）も長い人生の中では重要な変身資産を形成します。いい評判も悪い評判もずっとあなたに付きまといます。重要な点は、評判は広告や宣伝で形成されるのではなく、あなたの行為によって、他者が形成してしまい、あなたを決め付けるという点です。

これは企業も同じで、広告や宣伝でブランドは形成できますが、企業を見る目は、企業の実態（宣伝と実態の差）や不祥事への対応の巧拙、社会的課題への取り組み（社会的責任意識）など、裏表すべてを見ている消費者や世間が決めるものです。これが個人にも当てはまるのは当然です。ライフシフトをしようとした場合、いい評判を得ていれば安全な下駄を履いた状態でスタートが切れるのです。

そして評判とは蓄積でもあります。少しずつ積み上げていかないといけません。それゆえ自分のライフストーリーがとても重要になります。あなたが、自分のこれまでの人生を振り返ってみた時、築いてきた評判とは一体どういうものでしょうか。評判をマネジメントするためのカギが3つあります。どこを伸ばしていきたいのかを考えて、よりよい評判を変身資産として発展させていくことができます。

①発信力

日本には陰徳という麗しい伝統や「沈黙は金、雄弁は銀」などのコンセプトがあり、私たちは積極的に自己表現をすることについつい消極的になってしまいがちです。しかしこれでは評判を形成してもらえません。かえって不透明感が漂い、隠し事があるのでは、という憶測や妙な風評につながりかねません。また人々をつないでネットワークを豊かに張り巡らせてウィン－ウィンの関係、共創の関係をつくるのにも非効率です。相手にメッセージが送られないのですから貴重な機会を逸してしまうでしょう。自らが積極的に自分のライフシフトを仕掛けようと思うならば、自分は何者かを表明し、信頼を得て、つながりを生み出していくことが不可欠です。打って出る武器が欠かせないのです。それが発信力です。

発信力を磨くには、自分を発信せざるを得ないような場に持っていくことがポイントでしょう。多くの人がいて会話せざるを得ない場に行く、講演の講師や社内研修の講師を引き受ける、メンター役や指導役を引き受ける、社外のセミナーに出て名刺交換する、オンラインの講座で積極的に投稿する、などなど、場は無数につくることができます。

②共感力

発信力とバランスを取る意味で共感力も重要です。共感力とは、人の話をきちんと聞いて、その人の気持ちになって理解すること。その点、往々にして私たちは「自己中」です。耳は二つで口一つ。聞くことが大事だといわれる所以《ゆえん》です。しかし、一方で、「人が他者の話を聞くのは、自分の話す順番を待っているためにすぎない」ともいわれます。他者の話は聞いていないというわけです。

これでは、ライフシフトをしようにも、すなわち今の会社の場外で、新たな関係性を構築しようにも、人の話を聞かないという評判、自分勝手だという評判、自分のことばかりでウィン－ウィンにならないというネガティブな評判を立てられてしまいかねません。いい評判とは相手を助けることから始まるのであり、感謝され信用され続けることで定着します。そのためにも人の気持ちになれることが大切なのです。

③独自コンテンツ（自分らしさを表すもの。仕事、趣味、性格……）

評判のもう一つのポイントは面白いこと・ネタを提供できるかです。面白いというのは単におかしい、笑えることではありません。役に立つ、驚きがある、貴重だ、感動する……など、人の心を揺さぶったり、思考を刺激したりするようなネタです。噺家やプロの講演者などではない私たちは、話しぶりでは勝負できませんが、50代の人であれば、30年におよぶ組織内外での豊富な人生経験の中での失敗体験（成功体験はあまり面白くないことが多いです）、修羅場や逆境でのとんでもない経験、会社で培った専門領域の奥深さ、イノベーションの壮絶な努力から学んだこと、組織の中で生き延びるための独自の知恵、海外勤務で得た日本の良さ・悪さに関する知見、趣味の世界で培った知恵や世界観、性格分類での自分のスタイル話など、実はネタには困らないはずなのです。

しかし、それらが自分のライフストーリーとして整理されていないとインパクトが出ません。そもそも話がまとまっていないかもしれないし、その話のオチと自分らしさが結びつくことで、面白さが増すのですが、ライフストーリーの中に位置づけられていないために、その意味づけを逸してしまう場合は多いものです。

第5章でご紹介します「職務波乱万丈記」をつくる中で、自分のユニークなストーリーを探して、ネタ化し、独自コンテンツを揃えてください。

5. 健康

変身資産の最後は健康です。これについては筆者の専門領域ではありませんが、一般的には、①運動、②食事、③睡眠だといわれています。年齢を重ねると、次第に運動が億劫になり、食事も栄養過多、アルコール摂取過多などで、生活習慣病が魔の手のように迫ってきます。睡眠も不規則になりがちとなり、体によいことを意識的に行っていかなくてはなりません。

また、心の健康への配慮も大変重要です。ストレス過多、人間関係や仕事で悩むなど、多くの人が心の不調を訴える昨今です。転職も大きなストレスになります。自分の人生のライフシフトを考えるだけで、気が滅入る人もいると思います。

しかし、体と心の健康を維持してライフシフトに備えることで、体力・気力が充実すると好奇心が旺盛になり、学習や経験の量に直結します。知恵資産、仲間資産も増えていきます。ライフシフトの可能性がますます広がる好循環が生まれます。

こうした好循環を生むためにも、運動、食事、睡眠、そして心に関するアドバイスを真摯に受け止め、セルフコントロールをしていくことをおすすめします。

特に運動に関しては、結果にコミットしてくれるライザップとまではいかないにしても、フィットネスに行くのは有効ですし、多少お金に余裕がある人は、パーソナルトレーナーに自宅に来てもらい、強制的に運動環境に身を置くことも効果的です。健康的な肉体を築くための投資価値は高いと思います。

またカウンセラーやメンタルコーチに相談するのも、これからの時代は重要になっていくと思います。瞑想も自分とは何かを見出し心を安定させる強力なツールです。心のケアは日本ではまだまだ定着していないですが、不確かな時代においては、自分一人で悩むことは禁物なのです。

図表4-1　変身資産のまとめ

1	オープンマインド	1	ポジティブマインドセット	環境の変化に柔軟に対応し、何でもまずやってみようと、明るくとらえる姿勢
		2	未来への思い	未来の自分や組織のビジョンを描き、自らリードしようという姿勢
		3	チャレンジ精神	課題を避けずに、少し背伸びしてでも何とかしようと、取り組む姿勢
2	知恵	1	知識・スキル	常にアップデートされた自分の専門と言える知識・スキル
		2	経験の幅	組織や専門領域をまたがる豊富な経験
		3	教養	未来へ向けて自分のビジョンを描く際の基軸となる明確な価値観
3	仲間	1	親しい友人	自分のライフシフトの夢や悩みを相談できる親友・心友
		2	ビジネスネットワーク	ライフシフトの相談に乗ったり、応援してくれそうな今の仕事関連の友人・知人のネットワーク
		3	ソーシャルネットワーク	ライフシフトの相談に乗ったり、応援してくれそうな今の仕事とは関連のない世界での友人・知人のネットワーク
4	評判	1	発信力	自分の考えや発想を明るく発信したり、他者と積極的に絡んでいこうとする力
		2	共感力	相手の気持ちを汲んで、アドバイスや協力をして、助け合おうとする力
		3	独自コンテンツ	自分ならではの得意分野を持って、それを軸に社会に発信できる力
5	健康	1	運動	80歳までの現役力を保つための運動能力
		2	食事・睡眠	80歳までの現役力を保つための健康のバランス
		3	こころ	80歳までの現役力を保つためのこころのケア

※巻末のチェックシートで自分の変身資産スコアをチェックしてみてください。

2 変身資産を強化する「知の再武装」

■プライドの壁を崩す

ライフシフトをしようとすれば、変身資産の枠組みを認識し、自分の財産として築いていくプロセスをまず始めなければなりません。しかし、そもそものスタートラインで大きな心理的な壁が立ちはだかります。

すなわち、自分と向き合うのが怖いという心理です。「ひょっとすると自分には何もないのではないか」「使えそうな資産は健康だけ」「自分はこんなもの」「これしかできない」……。このように自分をかばうと自分に向き合うことができず不安が募ります。自分には資産がないかもしれないという不安が、「このまま行くしかないのではないか」「今の頑張りで60歳定年まで行けば、そこで何とかなるだろう」といった言い訳になって、ライフシフトを封印してしまいます。ライフシフトのリスクを過大視することにもなってしまいます。

こうした傾向はポジティブ心理学でいうところの「硬直マインドセット」を持ちがちな

私たち日本人の不利な点です。硬直マインドセットとは、失敗を怖がり挑戦せずに確実な路線を歩もうとする傾向です。減点方式、成果主義などで評価されてきた結果、自分を守る鎧《よろい》、失敗したくないというプライドを堅固につくってしまっているのです。

硬直マインドセットの反対がポジティブマインドセットであり、キャロル・ドゥエックのいう「しなやかマインドセット」。これは、「やればできる、努力してなんぼ、やってみなければわからない」、挑戦にこそ意味があるというポジティブな考え方です。将来の可能性がより開かれているのは当然のことながら、しなやかマインドセットの持ち主なのです。

自分を守ろうとする「硬直マインドセット」のような心理的鎧が、実は自分を危機にさらしてしまうことになるわけです。

このプライドの壁を崩すのが、「自分の未来への思い」です。

思いのない人はプライドに固執するあまり周囲や時代に流されていきます。

それは仕事でも同じこと。思いがなければ、ただ目の前の仕事を処理するだけでしょう。思いがあるから優先順位をつけ、理想の成果を目指すことができるのです。

人生もライフシフトも同じです。今までの自分を土台にして、未来に向けてどういう人生を生きたいのか。そんな思いを持つこと。それは当面は仮説でしょう。変身資産を構築していく中で、次第にその仮説を検証し、発展させていけばいいのです。まずは自分の未来の仮説という思いを描くこと。これが変身資産構築の扉を開けるのです。この作業は「ライフシフトピラミッド」として第5章で説明します。

■これまでの資産を棚卸しし、知を再武装する

まずは扉を開けました。次は、本格的な変身資産づくりです。これを「知の再武装」と呼んでいます。大学で学んだだけの知識で40年持ちこたえ、60歳以降も役に立つプロの力をつけられるとは誰も思っていないでしょう。会社の仕事だけを忠実にこなしていれば、社外で使えるプロの力が身につくとも思っていないはずです。変化の時代に、新しい道を切り拓いていくためには、過去の学習や身近な経験だけではまったくの迫力不足なのです。カギとなるのは、「学び直し」と「知恵の編集」です。

①学び直し

学び直しとは、社会人になってからのきちんとした学習です。企業内研修やカルチャーセンターで学ぶのではなく、プロの力を蓄え、整理し、自分なりの知の体系化、自分自身の独自の提供価値をつくっていくための「トレーニング」です。リカレント教育、生涯学

習などという言葉もありますが、「ライフシフトをするんだ」という明確な目的を持った目的志向の自己強化プログラムです。

大学院での「知の再武装」

２０１５年度、大学院の修士課程・専門職課程に入学した社会人は約１万１０００人で、10年前の２００５年度とほぼ変わらないという残念な結果があります。国際的な比較でも日本の社会人の進学率の低さは際立ち、25歳以上の大学進学率は北欧諸国で10％近くに達する一方で、日本は１％台にとどまっているのが実態です（ＯＥＣＤ調査）。

このように日本ではまだまだ大学院やＭＢＡにはなじみがありません。しかしライフシフトの時代、自分が80歳まで現役で、しかもそれなりに満足のいく形で社会に自分らしい価値を提供しようと思えば、「知」のブラッシュアップや再構築は欠かせません。自分にしかできない価値を提供できなければ、対価は得られないからです。

筆者が勤務している多摩大学大学院でも、30〜50歳代を中心とするビジネスパーソンに夜間と土日に社会人向けＭＢＡコースを提供しています。近年は、ライフシフトの認識が広まってきているようで、着実に入学者が増えており、学び直しの機運が急速に高まっていることを実感しています。

特に多摩大学大学院では、志やイノベーションなどのテーマを重視して、ビジネスの世界で現役で活躍している教授陣による実践知ベースのカリキュラム体系を組み約100講座を用意しています。そのため、企業に勤務する中堅層が、将来の自分像（会社内での昇進ではありません）を求めて入学するケースが最も多く、次いで中小企業のオーナーが自社の持続的成長の基盤づくりのために多く勉強されています。

そういう方々は、「知の再武装」の必要性を明確に認識しています。自分が自立した時に必要になる独自の提供価値は、今の仕事からだけでは決して創ることができない、という危機感を持っているのです。「仕事だけしかしていないと仕事さえできなくなる」。そんな時代が迫ってきているのです。

出口戦略から逆算する

このような大学院での知の再武装トレーニングにあたっては、自分の未来に関する一定の将来仮説（出口戦略の仮説）を持つことが肝要であり、効率的です。戦略、財務会計、マーケティング、人事・組織、イノベーション、デジタル経営、グローバル化、スタートアップ、ソーシャルビジネスなど、多岐にわたる科目を自分なりに取捨選択していくわけですが、出口の仮説がないままでは、あれもこれもと学び、学び自体が目的化してしまい、あぶはち取らずになりかねないのも事実だからです。

それゆえ、ある年齢で（たとえば50代以降）で転職、独立・起業、ＮＰＯ・ＮＧＯへの参画、地方移住、海外移住などビジョンを描いてみましょう。そうすると変身資産の現状と必要量とのギャップが確認でき、学習の方針、方向が決まってきます。自分のライフシフトビジョン、ライフシフトプランの立て方は第5章で述べていきます。

一人で回す力を再構築する

今述べてきた知の再武装は「知の深さ」を追求する側面です。知の再武装にはもう一つの側面があります。それが「知の広さ」です。この場合の広さとは実践的なものであり、平たく言えば、業務遂行の力、何でもやる力です。若い頃はコピー取りから、会議室の予約、企画書づくり、そして実行まで、何でもこなしますが、年を取るに従い、マネジメント業務が増え、実務知識に疎くなり、手も足も動かなくなります。

加えて知の深さも追求していなければ、自分の専門分野においてさえ、取り残される可能性も高くなります。たとえば、人事労務を専門にしたライフシフトをしたいと思っていても、就業管理、給与事務や届け出関係の実務（知の広さ）は忘れていて、近年の法改正、ＨＲテクノロジーなど（知の深さ）にもついていけていなければ価値は発揮できません。

オペレーションの知が何も残っていない「空っぽ」のサラリーマンになり果てていきます。知の空洞化です。

ライフシフトするということは、自立することでもあり、知の広さがもう一度必要になるわけです。

それゆえ、知の再武装にあたっては、大学院で学ぶだけではなく、自分の出口仮説において必要とされるであろう実務知識の再確認、一気通貫で仕事をこなすカバレッジ、昔取った杵柄を取り戻す覚悟も必要なのです。これは今勤務している会社で若い人に何でも丸投げせずに自分でやる、自分で考えてから指示を出す、若い人に最近の事情を教えてもらうなどのアクションをすることで埋めていくことができます。

②知恵の編集

知の再武装のもう一つのカギが、知恵の編集です。誰しも社会人になって40~50代にもなれば、実に多くのことを経験しているわけであり、それをベースに変身資産のうちの知恵資産や仲間資産を築いています。それを頼りにライフシフト先を模索することをまず考えるでしょう。これは確かに正しい戦略なのですが、一方で制約条件にもなってしまいます。その経験知から飛び出しにくくなるからです。「自分はこれしかできない」という思い込みにも発展し、可能性を限定してしまいます。いわゆる「自己限定」という思い込みです。

本質的価値を探し出し、異なる文脈で応用

この自己限定の思い込みはライフシフトを進める上で大きな障害になってしまいます。人事の経験しかない、と思うと人事畑でしかライフシフト先を検討しないかもしれません。営業畑でやってきた人は営業の仕事しかできない、バックオフィスの専門的なことはできない、と思い込んでしまうかもしれません。

しかし、本当にそうでしょうか？　人事の業務には、採用面接、評価者面談、現場のマネジャーの労務管理上の悩み相談、組合との相談、社内研修の講師など、多くの場面で、相手のニーズを見極め、対話や交渉をしながら人と気持ちを通わせ合い、動機づけしていくというコアスキルが埋め込まれています。そのコアスキルが人事業務の一つの本質なのです。

このように解釈し直すと、人事の専門的な知見は活かせなくても、営業でお客さんと向き合ったり、コンサルタントとしてお客さんの悩みを聞くというような業務に通じるスキルを身につけていることがわかります。そう、人事という文脈から離れて、人事の仕事の

本質をあぶりだせば、他の仕事でも使えるスキルが見えてくるのです。自己限定の思い込みはこうしてはずすことができ、自分のスキルや知識の応用範囲はグンと広がるのです。

営業畑の人も同じように考えられます。自分は対面でお客を説得することが好きで、足で稼ぐことしかできない、と思い込んでいるかもしれません。実はお客を説得するためには、自分の売りたい商品が大好きで、その背景や技術、作り手の思いなどをよく調べ、売りのストーリーをつくり、魅力的に提示するという作業を暗黙のうちにしているはずです。

そうだとすると、単に足で稼いでいるだけではなく、極めて知的で、人の気持ちに訴求するストーリーテリングの力があることがわかります。であるならば研修の講師、コンタクトセンター、顧客相談窓口、学校の教員などにも向いていることが見えてきます。

その他の例では、たとえば技術者は自分が担当してきたある特定の技術を使えるかだけを考えがちですが、技術者のコアスキルの本質的価値は分析力、検証力かもしれません。だとすると経営の知識を入れることで、経営診断、経営コンサルティングなどに使えるでしょう。

このように自分の経験の本質をつかみ、異なる文脈で応用できないか、すなわち「蓄えてきた知の編集」を考えてみることで、ライフシフトの可能性は大きく広がるのです。

そして、どこでも求められる知恵として心得ておきたいのが、営業、マーケティング、分析、モチベーション、コミュニケーションの知識とスキルです。これらはビジネスを行う上で必須の基本スキルであり、発揮する度合いの差や対象の違いはあっても、ビジネス界で生きてきた人である以上は、なんらかの形でかならず培ってきているはずです。

ぜひ、これらを整理し自信を持って自分の知恵を編集してみましょう。そして、自分の向かいたい方向、ライフシフト先でどう発揮すればいいのかを考えてみましょう。小さくても確実に一歩踏み出せるはずです。

変身資産カウンセラーに相談する

このように自分のキャリアを振り返りつつ、自己限定を外し、知を編集していく際に、それを一人でやることが難しい場合もあります。その場合は、第三者の目を通して分析してもらうのがよいでしょう。

キャリアカウンセラーやライフシフトアドバイザーに、第5章で述べる自分の「職務波乱万丈記」や、知識・スキルの棚卸し結果を見てもらい、一緒に考えてもらうことで、自己限定が一気に氷解し、ライフシフトの可能性がいきなり開けることもあるのです。

一人で悩まないことも、ライフシフトを効果的に進めていくための知恵なのです。

ポートフォリオ・ワーカー
事例1

遊びに本気で取り組むことが、次の仕事につながる

入川スタイル&ホールディングス代表取締役社長兼CEO 入川ひでとさん

「どう生き抜くか」「街をよくしたい」が原点

TSUTAYA TOKYO ROPPONGI、UT STORE HARAJUKU.（2012年3月に閉店）の店舗プロデュースなどで知られる入川ひでとさん（61歳、1957年生まれ）。「カフェを通した街づくり」を掲げ、さまざまなカフェのプロデュースをはじめ、街づくりや地域ブランディング、さらには教育・出版まで、多彩な活動を行う姿は、まさにポートフォリオ・ワーカーそのものです。

入川さんの現在の活動の原点は、生まれ育った兵庫県尼崎にあります。

「高度成長期が終わり、工場が衰退してスラム化が進み、荒廃した環境の中で育ちました。だから、子どもの頃から『どうやって生き抜くか』『食うためにどうするか』を考えることが自然と身につきました」

大学を中退し、アルバイトで稼いだお金で、デザイン・設計の専門学校に進みます。その頃から、荒廃した街をきれいにするために、街づくりや都市計画に携わりたいという思いを漠然と抱くようになりました。

専門学校を卒業後、スーパーマーケットの全国チェーンを当時展開していたダイエーグループで、店舗の看板や装飾などのデザインを手がける子会社に就職します。そこで身につけたのが、マーケティングの基本でした。

「それぞれの街や地域によって人々の暮らしは異なります。そうした人々のライフスタイルや、抱えている課題に合わせて提供する商品やサービスを変えていく。そういうきめ細かなマーケティングに力を入れていたことが、当時のダイエーが成長していた理由でした。そのやり方を自然と学び、現場で実践するようになりました」

入川さんは、やがてその能力を買われて親会社に移り、事業開発担当として一つのプロジェクトを任されるようになります。

「僕は学歴もなく中途採用でしたし、出世コースとは無縁でしたから、自由にキャリアやナレッジを積むことができた。その背景には、『どうやって生き抜くか』を常に考えていた原体験の影響があったと思います」

二度の倒産を経てライフワークを見つける

１９８６年、フィットネス事業が世間で脚光を浴びる中、ダイエーでもフィットネスクラブを始めることになり、29歳の入川さんはその開発プロジェクトの責任者になります。後発のため、新機軸が必要だと考えた入川さんは、キャリア志向の女性に着目。同郷の先輩の南部靖之さんが代表を務めるテンポラリーセンター（現・パソナ）と提携し、フィットネスクラブに求人情報を掲示したところ、大きな話題となり、成功しました。

「その後、南部さんから『独立して一緒にやろうよ』と誘われて、31歳の時（１９８８年）に会社を辞めて、パソナとの共同出資で新規事業のコンサルティング会社をつくり、社長になりました。それからの10年間は、まるでジェットコースターに乗っているようでした」

新会社では、日産自動車のコンペで「店頭を軸としたショップづくり」を提案して大手代理店に勝ち、新たな業態開発を手がけます。しかし、バブルが弾けて日産のプロジェクトは中止となり、会社は倒産してしまいます。

次に始めたのがインターネットカフェでした。１９９５年当時はブロードバンドもまだなく、日本初の試みでした。インターネットカフェは大成功したものの、ブライダルや旅行業に進出して失敗し、破産寸前まで追い込まれ、再び会社を畳むことになります。

その後、青山に開いた惣菜のレストラン「news DELI（ニューズ・デリ）」が大当たりし、その利益で1999年、原宿のキャットストリートに「WIRED CAFE（ワイアード・カフェ）」をオープンします。

「カフェは、その地域の問題と向き合い、そこでワークショップなどいろいろなことをやることで、地元の人たちの暮らしをちょっと豊かにできる、コミュニティのハブなんです。ワイアード・カフェをつくった時も、神輿《みこし》をやったり、周辺の落書きを消したり、地域のためのさまざまな取り組みをすることで、オープン前はまだ閑散とした場所だったキャットストリートが、ファッションやストリートカルチャーの街として活性化しました」

そして、「カフェを通した街づくり」を掲げてカフェ・カンパニーという会社を2001年に共同で創業（2006年まで代表取締役会長）。2010年には、自身の会社である入川スタイル&ホールディングスを設立します。以来、地域の人々の課題を解決し、コミュニティを育みながら、「街になくてはならないカフェ」をつくることをライフワークにしています。

「荒廃した街で育ったという原体験が、こうした活動の原動力になっています。荒《すさ》んだ街にしたくないという思いから、自然と賑やかしたり、多くの人を巻き込んだりして、いろいろなことをやるんです。そういう意味では、何でもできるカフェは天職だと思います」

自分の好きなことをとことん追求しよう

紆余曲折を経ながらも、さまざまな事業開発を成功させ、現在も多彩な活動を展開する入川さん。その秘訣は、仕事と遊びを区別しないライフスタイルにあるそうです。

「僕の強みは、遊びや趣味を通じて異文化や異業種の人と友達になれるところです。遊びや趣味を通じてなら、どんなに偉い人でも若者でもフラットに付き合えます。だから、彼らや彼女らが持っているナレッジをいち早くもらうことができるんです。

例えば、僕はお好み焼きを作ることが好きなんですが、パーティーなどでお好み焼きを焼いて振る舞うと、どんなに偉い人とでも、最初から胸襟を開いて話ができます。そういう出会いから、新しい仕事が生まれることが多いんです」

2012年に趣味で始めたクラシックカーによるイベント「アルペン・クラシックカー・ラリー」も、さまざまな人を巻き込み、開催する地域の活性化に貢献するイベントとして定着しています。

『ワークライフバランス』とよく言われますが、ワークとライフは分けて考えてはいけないと思います。僕のように生活の中に仕事も遊びも入っていて、同時並行でやっていると、どんどん健康になるし、仕事も続いていきます。だから、僕の生活にはオンとオフの区別がないんです。自分が面白いと思うことが仕事になるように取り組んでいますし、これからもそうしていくと思います」

シニアに向けたアドバイスとして、入川氏は次のように話します。

「自分が関わるコミュニティをどれだけ持てるかによって、次のステップが決まります。コミュニティを持つには、ただ飲みに行ったりするだけではなく、人に教えられるような趣味を持った方がいい。なぜなら、自分から何かを発信しない限り、人は寄ってこないからです。自分の得意な趣味があり、そのレベルが高まれば高まるほど、コミュニティが成長して、周囲にもすごい人たちが集まるようになり、自分にとって楽しいことが仕事になる可能性が高まります。ですから、会社に勤めている間から、囲碁でも畑仕事でも何でもいいので、自分の得意なものをつくること。自分の好きなことを、とことん追求してほしいと思います」

ポートフォリオ・ワーカーは常に前向きです。そして同時多発的にいろいろなことをやることを楽しんでいます。多彩な趣味のように仕事を楽しんでこなしてしまうタイプでしょう。過去の経験に縛られて自己限定をしていてはライフシフトはできませんが、ポートフォリオ・ワーカーは「自己限定を外す」だけではなく、新しい自分自身を創ること、成長させることに貪欲なのです。

三角形をイメージしてください。その頂点にある自分の夢を最大限に実現する（高みを目指す）ためには底辺の土台をしっかり広げる必要があります。その土台を広くしていく作業をすると、自然にポートフォリオ・ワーカーになっていくのです。土台を広くするために、趣味を幅広く持って関連するいろいろなことについ挑戦してしまう。それゆえポートフォリオ・ワーカーは傍から見るととても大変そうなことを実は楽しんでやっているのです。

ポートフォリオ・ワーカー
事例2

SEから専業主婦を経て、医療経営のスペシャリストへ

医療法人、IT企業顧問、幼稚園園長
石井富美さん

きっかけは病院でのパイプオルガン演奏

医療機関における経営管理（ITシステム構築から人材育成まで）のスペシャリストとして、医療法人やIT企業の顧問、大学やセミナーの講師、書籍の執筆などを行い、さらには幼稚園の園長も務めるなど、幅広くポートフォリオを展開し活躍する石井富美さん（54歳、1964年生まれ）。

もともと、大手電機メーカーのSEとしてキャリアをスタートしましたが、その後、専業主婦を経ての再就職、数回の転職、大学院での学び直しなど、紆余曲折を経て現在のポジションを確立しました。どのようにして自身の職域を広げてきたのでしょうか。

大学で数学を専攻した石井さんは、教授の薦めで1998年、三菱電機のグループ会社（三菱スペース・ソフトウエア）に入社します。入社後すぐ三菱電機に出向となり、防衛

産業分野で護衛艦の管制システムなどの開発に従事しますが、翌年に職場の同僚と結婚し、品質管理部門に異動となります。ほどなくして妊娠、当時はまだ産休・育休などの制度が整っておらず、1990年に出産を機に退職。その後しばらくの間、育児のために専業主婦として過ごします。

子どもが幼稚園に通い始めた頃、近所のキリスト教系の病院に、ボランティアでパイプオルガンを弾きに通うようになります。

「当時は病院にもパソコンが導入され始めた時期で、病院に行くと、『入力ができない』『プリンターが紙詰まりを起こした』など、いつも誰かがパソコンのことで困っていました。私はコンピュータに詳しかったので、折に触れて少しずつ手伝っていると、病院からアルバイトで来てくれないかという話があり、週3日はパイプオルガンを弾いて、週2日は事務のお手伝いをするようになりました。2000年問題の時は、病院に泊まり込みで対応しました」

知の再武装と転職を繰り返し、経験知を上げる

アルバイトを始めて2年後の2000年、病院が所属する社会福祉法人（日本医療伝道会）の正規職員として採用され、事務局で社会福祉法人事務全般を担当するようになりま

す。そこで、紙の書類管理の大変さを目の当たりにし、当時医療業界で普及し始めていた電子カルテの導入を考えていた病院に積極的に働きかけを行いました。導入が決まると、システム室の担当者を任され、システムベンダーと病院の間の〝通訳〟役となり、書類管理からデータ管理へのシステム化を推進します。

「システム化を進めるには、院内業務の効率化が必要なことがわかりました。そこで役立ったのが、三菱電機での品質管理業務の経験でした。毎日マニュアルを作ったりしていたことを思い出し、院内をヒアリングして回り、各種のマニュアルを整備していきました」

しかし、次第に医療の知識が足りないことに気づき、半年間勉強して医療情報技師の資格を取得します。すると、そのことが評価され、事務局長から経営企画という働きの場を提案され、最終的に室長・事務次長を任されることになります。経営指標は作れるものの、経営について学ぶ必要性を感じた石井さんは、業務の傍ら社会人大学院（多摩大学大学院）に2年間通い、ＭＢＡ（経営学修士）を取得します。

大学院で、経営における人材育成の重要性に気づいた石井さんは、病院の全職員を対象に理念教育を実施します。その結果、小集団による改善活動が自発的に生まれるなど病院内が活性化し、経営も黒字化しました。

その一方で、大学院のある講義をきっかけに、今の職場では自分のやりたい仕事ができていないことに気づきます。それは、データを活かして経営を改善することでした。

自分のやりたい仕事をやろうと決意した石井さんは、同業の知人の推薦もあり、医療機関の経営改善ができる人材を求めていたセコム医療システムに転職します。同社では、2年間で、20カ所ある提携病院の診療実績のデータを分析して経営改善を行い、黒字化できる体制を構築。そして、そのノウハウを外販するコンサルティング部門を立ち上げ、軌道に乗せます。

その後、前職でコンサルティングを行った大阪の淀川キリスト教病院に転職します。病院からの求めで企画部門を立ち上げ、移転後の資産活用や分散していた事業の統合などを行いました。2017年に東京に戻ってからは、冒頭に紹介したような複数の仕事に同時並行で取り組んでいます。

社会人大学院での経験が人生を変える転機に

石井さんのキャリアを振り返ると、最初に勤務した病院で、与えられた業務（PC関連業務や事務）の枠にとどまらず、自身の持つITや品質管理などのスキル・経験をフルに活かして、医療業務全体の改善に取り組みます。そして、その過程で不足する知識があれば、資格を取得、大学院で学ぶなどして補いながら、人材育成を含めたより高度な経営改革に取り組むことで、自らの職域を拡大してきました。

さらに、一定の成果が出ると、自身の専門性が活かせる課題を持った別の組織に転職して成果を出す、という経験を繰り返しながら、自らを成長させ、医療分野の経営管理における専門性を高めてきました。その結果、石井さんのもとには医療業界や教育・研究機関などからさまざまなオファーが届くようになりました。

「私の仕事の軸は『システム構築』です。物事をきちんと整理して動かす、という意味では、ITシステムだけでなく人を動かすシステムも該当します。さまざまな仕事を経験しつつ、その領域を広げていくことが、私の一貫したテーマだと考えています」

もともと好奇心が旺盛だという石井さんは、新たな仕事の依頼があると、基本的に断らないそうです。

「80歳まで働くとすると、職業人生はまだ半分残っていることになります。そう考えると、今の時点でゴールを決めず、これからも新しい経験を積むべきだと思うのです。過去を振り返ると、以前の職場で経験したことは、次の職場ですべて活かすことができました。初めてとなる幼稚園の仕事も、最初は引き受けるべきか迷いましたが、きっと将来に活かせると思っています」

仕事を引き受けすぎて、キャパシティを超えてしまうことはないのでしょうか。

「今引き受けている仕事の多くは一年契約なので、事前に契約を更新するかどうかを決めるタイミングが来ます。その時点で、新たな依頼を含めて検討し、続けるべきもの、いったん終了すべきものの判断をするようにしています」

石井さんは、社会人大学院に通ったことが、自分の視野を広げ、職域を広げることにつながったといいます。

「大学院では、さまざまな仕事をしている人たちと出会ったことで、自分がそれまで見ていた世界がいかに狭かったかを思い知りました。それまでなんとなく抱いていた、『一つの組織で定年まで働き続ける』という生き方が視界から消え、もっと多様な生き方や働き方ができるということがわかったのです。そこから、私の人生は大きく変わりました」

石井さんが話すように、私たちは無意識のうちに、自分が所属する会社の中だけに限定した生き方や働き方にとらわれてはいないでしょうか。まずはその殻を破るために、社外の人と交流する機会を持ち、視野を広げることが、ライフシフトを実現するための最初の一歩なのです。そして徐々に守備範囲を広げていくことで、同時並行でこなす技（あるいは癖）が身についていくようです。

ポートフォリオ・ワーカーは、そうでない人から見ると一見大変そうですが、先に述べた「知恵の編集」を行って自身の変身資産の本質的価値を見出し、職場で応用しています。石井さんの場合は「システム構築」ということで、しくみを整えるスキルをどこへも応用しています。それゆえ、どんなところでも自分らしくふるまい、エンジョイしているのです。いろいろな人の役に立つことの楽しさを味わいつつ、自分らしさをいろいろなかたちで追求できることでその追求自体が楽しくなってしまうのです。

ポートフォリオ・ワーカー
事例3

自分が「面白い」と思えることを貪欲に追求

グランドシッター、人材育成企業アドバイザー、高知大学特任教授
加藤真さん

富士通グループに37年間勤務

「現在は保育園に週3回通い、保育士を補助する『グランドシッター』として、園児たちの世話をしながら楽しく過ごしています」と話すのは、富士通グループに37年間勤務してきた加藤真さん（65歳、1953年生まれ）です。60歳の時、役員の任期を残してグループ会社を退職。リタイア後はグランドシッターのほか、人材育成関連会社のアドバイザー、中小企業支援、大学の特任教授など、多彩な活動に従事し、充実した毎日を送って、いわばポートフォリオ・ワーカー型のライフシフトを実践しています。なぜ、このようなライフシフトが実現できたのでしょうか。

1977年、大学を卒業して富士通に入社した加藤さんは、人事、総務などの管理部門でキャリアを重ねてきました。岩手工場の人事部門主任、システムエンジニア（SE）を

統括する本部の人事課長、中国支社の総務責任者、本社のある川崎工場の総務責任者などを歴任します。

加藤さんが「リタイア後のキャリアに役立った」と話すのが、2002年に異動した富士通のコーポレート・ユニバーシティである「FUJITSUユニバーシティ」です。立ち上げメンバーの一人として、富士通グループの人材育成施策の企画や研修実施に携わりました。所属した7年の間に、人材開発のイベントである「HRDジャパン」（日本能率協会主催）の企画委員に就任したり、雑誌『人材教育』（現在は『Learning Design』に誌名変更、日本能率協会マネジメントセンター）の編集長と知り合い、座談会に参加するなど、社外のさまざまな人々と知り合うことができたそうです。その人脈が、リタイア後のキャリアにプラスとなります。

2009年に再度、SE部門の本部人事の責任者となります。この時、社長直轄プロジェクトで、300名を超える幹部社員の職種転換を図る「フィールド・イノベーションプロジェクト」が始まり、事務局の主要メンバーとして要員育成や評価制度の構築・整備などに携わりました。この取り組みは「2010年度能力開発優秀企業賞」（日本能率協会主催）の特別賞を受賞し、これを機に、社外から講演依頼を受けるようになります。

2011年には、コンサルティングとリサーチを主業務とする富士通総研の管理部門担当役員に就任しました。

「会社を離れた自分に何ができるのかを知りたくなった」

2013年、60歳になるのを機に、加藤さんは退職を決意。2014年6月、2年の任期を残して退職します。

「人材育成部門に異動後、社外のさまざまな人と接するようになって、『会社という限られた範囲で満足するのではなく、社会において本当に価値のある人になりたい』と思うようになりました。自分が社外に出たら、果たして何ができるのか。それを知るには、辞めてみないとわかりません。しかし、『ここで辞めたら周りに迷惑がかかるんじゃないか』と思ったりして、なかなか踏み出せませんでした。しかし、60歳になれば、普通は定年で退職する年だし、多少わがままを通しても、周りにも文句を言われないかなと思ったのです」

退職するにあたり、その後のことはまったく決めていなかったそうです。

「生意気ですが、会社を離れて、素になった自分をみなさんがどう見ているのかを知りたかった。どんなことでも声がかかれば、とりあえずやってみようという気持ちでした。もし声がかからなければ、半年くらいしたら何か考えればいいと思っていました」

退職してみると、在職中に知り合った人々から、さまざまな要請や紹介が舞い込み、加藤さんは現在、個人事業主として次のような活動を行っています。

人材育成関連会社3社のアドバイザー

退職後、在職中に付き合いのあった人材育成関連会社3社から要請があり、アドバイザーに就任しました。企業研修のサポートや企業訪問への同行、社内の管理体制の整備など、必要に応じて支援を行っています。

富士通社友会「クリエイティブ倶楽部」理事（中小企業支援）

在職中に付き合いのあった知人の勧めで、2014年10月、国が行う中小企業支援プログラムに参加し、4カ月間、電気工事会社で経営者サポート、組織づくり、人材育成などの支援を行いました。また、この経験がきっかけとなり、富士通時代の先輩の要請により、2016年6月、富士通OBが加入する社友会の「クリエイティブ倶楽部」理事に就任。富士通OBに対する中小企業支援プログラムへの参加の呼びかけや、イベントの運営などに取り組んでいます。

グランドシッター（保育補助）

2016年9月、クリエイティブ倶楽部のワークショップで知ったのが、グランドシッターでした。グランドシッターは、退職したシニアが保育現場の補助業務を行うための民間資格です。認定組織の日本ワークライフバランスサポート協会（Jサポート）では2日間の「グランドシッター養成講座」を定期的に開催しており、ワークショップで興味を持った加藤さんは、早速その1週間後に同講座を受講し、資格を取得しました。

そして、Jサポートの紹介により、2017年4月から横浜市内の保育園に勤務。現在は週3日、8時から13時まで勤務をしています。業務内容は、食事・トイレ・着替えなどの介助、散歩付き添い、寝かしつけ、絵本読みなど、保育補助全般にわたります。

「保育は大事な仕事でありながら、人手不足など社会的課題のある業界であり、実際の現場を見てみたい、という関心がありました。グランドシッターを一言で表すと、保育士が園児と接する時間を1分1秒でも増やすための保育サポート業務。園児たちの相手をするのは楽しいです」

2018年1月からは、Jサポートの理事に就任し、グランドシッター養成講座の講師も担当しています。

高知大学特任教授

2017年10月、知人の紹介で高知大学の「希望創発センター設立プロジェクト」に参画、11月に特任教授に就任しました。希望創発センターは、企業人に大学に来てもらい、学生と共に学ぶ機会をつくる、産官学協働による学びのプラットフォームです。高知県における社会課題（農林水産業、医療・介護）に対して、月に一度、学生と企業人が一緒にグループワークを行います。

加藤さんは、富士通時代に数々の教育プログラムを立ち上げた経験を活かして企画の段階から関わり、開始後は医療・介護チームの推進責任者を務め、毎回高知まで足を運び、授業に参加しています。

活動の源泉は、在職中にできたインフォーマルなグループ

こうした多彩な活動は、いずれも在職中に築いた社内外の人脈がきっかけとなっています。中でも、人材育成業務の関係で築いた社外の人脈が大きかったようです。

「当時、雑誌の座談会で一緒になった東レ経営研究所の役員の方から、経済産業省の外郭団体の人材開発研究会のメンバーに誘われたんです。研究会の後、メンバー5人で酒を飲んだことがきっかけとなり、他のメンバーや知り合いにも声をかけたりして、2カ月に

一度飲んだり、年に2回くらい合宿をしたりするようになりました。その付き合いが未だに続いていています」

高知大学の話は、この付き合いの中で紹介されたそうです。

こうした活動のほかにも、英語の個人レッスンを受けて「外国人おもてなし語学ボランティア」に登録したり、趣味の仲間とゴルフやハイキングなどに出かけたりもしています。

「今はすごく楽しいですね」と話す加藤さん。自分自身の経験を踏まえ、次のようにアドバイスします。

「社外の講習会などに参加して、会社とは違う世界を持つとよいと思います。内容は会社に関連したことでも構いませんが、社内に閉じないことが大切です。私の場合は、たまたま仕事の関係で社外の方とご一緒する機会をいただき、よいメンバーと巡り会うことができました。また、さほど興味を持っていなくても、一度は体験してみる姿勢も必要かもしれません。体験して、初めて面白さがわかることもありますから」

加藤さんのように、自分の可能性を狭めず、知らない世界にも臆せず飛び込んでやりたいことを見つけ出す姿勢が、ポートフォリオ・ワーカー型のライフシフトを成功させる一つのポイントといえそうです。

シニアになってもまだまだ元気な時代では、当面の収入よりも長い目で見ての生きがいを大切にし、元気な間にあらゆる可能性に挑戦する生き方を求める人が増えているのです。いろいろなことをやって人生をエンジョイできるのです。ずいぶんと大変だな、と思う人もいるかもしれませんが、「何かにこだわってこれだけで生きていく」よりも間口が広い分、実際は多くの人に適応しやすいのではないでしょうか。広く浅くで、人生を謳歌するのです。そして、謳歌できるのは人脈の恩恵があればこそ。今の組織に在職している間に、多くの人との出会いの場を積極的につくり、その一つひとつの出会いを大事にする「一期一会」の姿勢がカギになるはずです。

第5章

ライフシフト実践フレームワーク

これまでの各章を読んで、読者のみなさんは本書で紹介したライフシフト経験者の方々の生き方から何を学んだでしょうか。

経験者のみなさんとの対話の中で私が感じたのは、「自分は人生の中で何をしたいのか」、「今の仕事の次に何をしたいのか」といった人生の目標を考える姿勢です。会社の中、組織の中にいると、自分のしたいことを意識しなくても、やらなくてはいけないことが山ほど降りかかってくるので、自分自身のことについては思考停止に陥ってしまいます。それで何か問題が起こるわけでもありません。

「今度の仕事は自分には向いていないのかな?」と感じるかもしれませんが、そこを深く突っ込むよりも、早く仕事をすませよう、慣れてしまおうという方向に発想が向かうでしょう。そして、最も大事な自分自身の思いは置き去りにされてしまう。その繰り返しが、60歳で定年を迎えた時、「自分は何をしたかったのか?」という問いにつながる。この質問に答えられないまま、何もない地平に放り出されてしまうのです。

その点で、ライフシフト実践者の方々に共通する思いをまとめると次のような点が浮かび上がってきます。

- **自分の思いを大事にし、見つめていきたい**
- **人生を通じてやりたいことに賭けていきたい**

・社会とつながり貢献し続けたい
・自分の持続的な成長を楽しみたい
・いろいろなことに挑戦し続けたい

一方で、米ギャラップ社の従業員のエンゲージメント（仕事への熱意度）調査によると、日本は「熱意あふれる社員」の割合が6％しかないことがわかりました。米国の32％と比べて大幅に低く、調査した139カ国中132位と最下位クラスでした。

企業内に諸問題を生む「周囲に不満をまき散らしている無気力な社員」の割合は24％、「やる気のない社員」は70％に達したと報道されています（「日本経済新聞」2017年5月26日）。

もちろん会社側の方針、経営状況、人事制度・施策の問題もあるでしょうが、会社や仕事が何となくしっくりこない場合、どうするかです。自分で会社全体を変えることができないとすれば、自分が変わるしかありません。すなわち自分を見つめることができるかどうかではないでしょうか。自分を変えるからこそ、いきいきできる。この数字の差は、転職をしながら自分らしい居場所を見出す海外の人たちとの生き方との違いが生み出した結果でしょう。
あきらめてブツブツ言っているうちに、人生の旬、時分の花は通り過ぎてしまいます。自分の将来の視点から、自分ごととして「今」を考えるべきでしょう。

1

長い人生の旅路のコンセプトは「一人事業主」

こうした状況の中での働き方においては「結局、最後は自分しかいない」という落としどころを踏まえていく必要があるのです。組織の中にいれば、互いに助け合いながら生きていけますが、その組織も安泰ではありませんし、社員は流動化し、社内と社外の区別が大した意味を持たなくなりつつあります。逆に大組織であるがゆえに身動きがとれず、今後のイノベーションの時代には不利な点がどんどん露呈してくるはずです。どれだけの価値を生み出せる人物なのかどうかが、最後の落としどころなのです。

それを突き詰めると、自分一人でどのような価値を生み出せるのかを意識し、そういう自分を創っていくことが重要になります。「一人事業主」として自分の人生に責任を持って、社会に価値を提供できる自分の居場所をしっかり考え、創っていくことが必要なのです。それが「自分を見つめる」ということであり、ライフシフト実践者がしていることなのです。しかも真剣に見つめ、自分のしたいことを見つけるまで執拗に、仮説を描き実践する。その繰り返しです。

最近、フリーランスという働き方が注目を集めています。このフリーランスの働き方は、「一人事業主」コンセプトを地でいくものです。雇われない働き方であり、インディペンデント・コントラクターとも言われます。フリーランス以外でも、組織の中で専門職として、独自の貢献をする仕事もそうでしょう。人事や経理、営業、ＩＴのプロとして、コンサルティングをやったり、インハウスで専門性を持って仕事をしたりするのもそうでしょう。

バックオフィス系ではシェアードサービスの領域でもチャンスがあります。デザイナーやライターなどのクリエイティブな仕事、商品開発やプロジェクトマネジメント、広報など社内外をまたぎつなげるプロ領域もあります。また変わったところでは映画『マイ・インターン』でロバート・デ・ニーロが扮するベンのようなメンター役として、組織の中で独自のポジションで皆の役に立つ名脇役も「一人事業主」コンセプトです。

特に、人生の後半戦では雇われたとしても嘱託雇用のようになるので、自力が基本となるでしょう。また役職定年後の働き方は、どの企業でも課題になっていますが、そこでは、サーバントリーダーシップに目覚め、後ろから支えていくリーダー像を自らつくっていく必要があります。そんな時にも、自分は、みなを支えるノウハウや人脈、対人折衝能力などを持っているか。そういう力で自分は後輩たちを支えていくんだという立ち位置をつくれるか否かが、一人事業主になれるかどうかの決め手です。

2 一人事業主に求められる「変身資産」づくり

一人事業主になるためには希望と現実の交点で自分の居場所をつくる必要があります。「自分のしたいこと」「できること」をベースに、自分のお客様のいるところを見つけるわけです。お客様がはっきりしていなくては独りよがりになってしまいます。できないことは論外にしても、一人事業主の最大の利点は「やりたいこと」をやれることであり、それを明確にしなくては意味がありません。

キャリアを考える際に第2章でも紹介した、Will・Can・Mustという3つの円がよく用いられます。Willは「やりたいこと」。Canは「やれること」。Mustは「やらなくてはいけないこと」ですが、それらを会社という枠組みの中でうまく合わせるということができると、幸せなキャリア形成につながるというわけです。ライフシフトの時代には、Mustではなく、自分で仕事を見つけ出せばいいのです。それゆえ、Will・Can・Createでよいのだと思います。WillとCanを前提に、どのようなお客様にどんな価値を提供するか、自分が事業主として考えるのです。

「何をしたいのか」は、偶然見つかったりもするのですが、「何で勝負するか」はそれまでの経験で決まってきますし、これからライフシフトプランの中でつくっていくことができます。自分なりにコントロールができるものなのです。それゆえ、「いつからどうやって仕込むか?」が重要になります。つまり、自分がライフシフトするためのリソースである「変身資産」の蓄積を計画的に行うのです。それがライフシフトを早くから意識することの意義なのです。ポイントは、次のとおりです。

■会社にいる時間を無駄にしない

会社にいる時間はとても貴重です。組織とは知の宝庫であり、人脈そのもの。会社の看板でのつながりや信用もできやすいです。会社にいる間に自分のやりたいことを模索しましょう。

■30代からでも早すぎない

30代は仕事に脂がのって、仕事以外のことを考えにくい世代でもありますが、一方で外を見ると可能性が大きく広がっていて、若さの特権が活用できる時代、体力旺盛な時代です。この時代からあれこれ将来を考え、自分のポテンシャルを最大化していく努力をしましょう。体力のあるうちに積極的に社外につながりをつくっておくことも第2段、第3段ロケットの見通しを大きく左右します。

■45歳が終わりの始まり

いよいよ後半戦を真剣に考えるのは40～50代でしょうが、はっきり言って50代ではかなり制約がかかってきます。50代から考えるのはラストチャンスと思っておくべきでしょう。それゆえ、45歳くらいで、しっかりとライフシフト準備に入るべきです。特に大企業の社員は、45歳では将来自分がどのレベルまで出世できるかはおおむね見えているはずです。第1章でも述べたとおり人生はサーフィンです。ライフシフトサーフィンの図（図表1－2）で示したように、自分の旬（大きな波）をつくって生き生きできるのは、その前に準備をしているからです。準備なくしては、波をつくれません。ライフシフトという大波を起こすための準備をできるだけ早めに始めることで、人生を豊かに過ごせるでしょう。

一人事業主の意識を持って、自分のライフシフト先をCreateしていくこと、すなわち自分の未来図を意識して生きていくことが重要なのです。

では、ここから自分の未来図を描き、変身資産を築くためのいくつかのフレームワークをご紹介していきましょう。

3 自分の未来図を描くスキル

ライフシフトの未来図を描くとは、第2章でも述べたWill・Can・Createの概念を自分らしく描くことです。自分のやりたいことを明確にし（Will）、ライフシフト先を見つけ

図表5-1　ライフシフトナビ

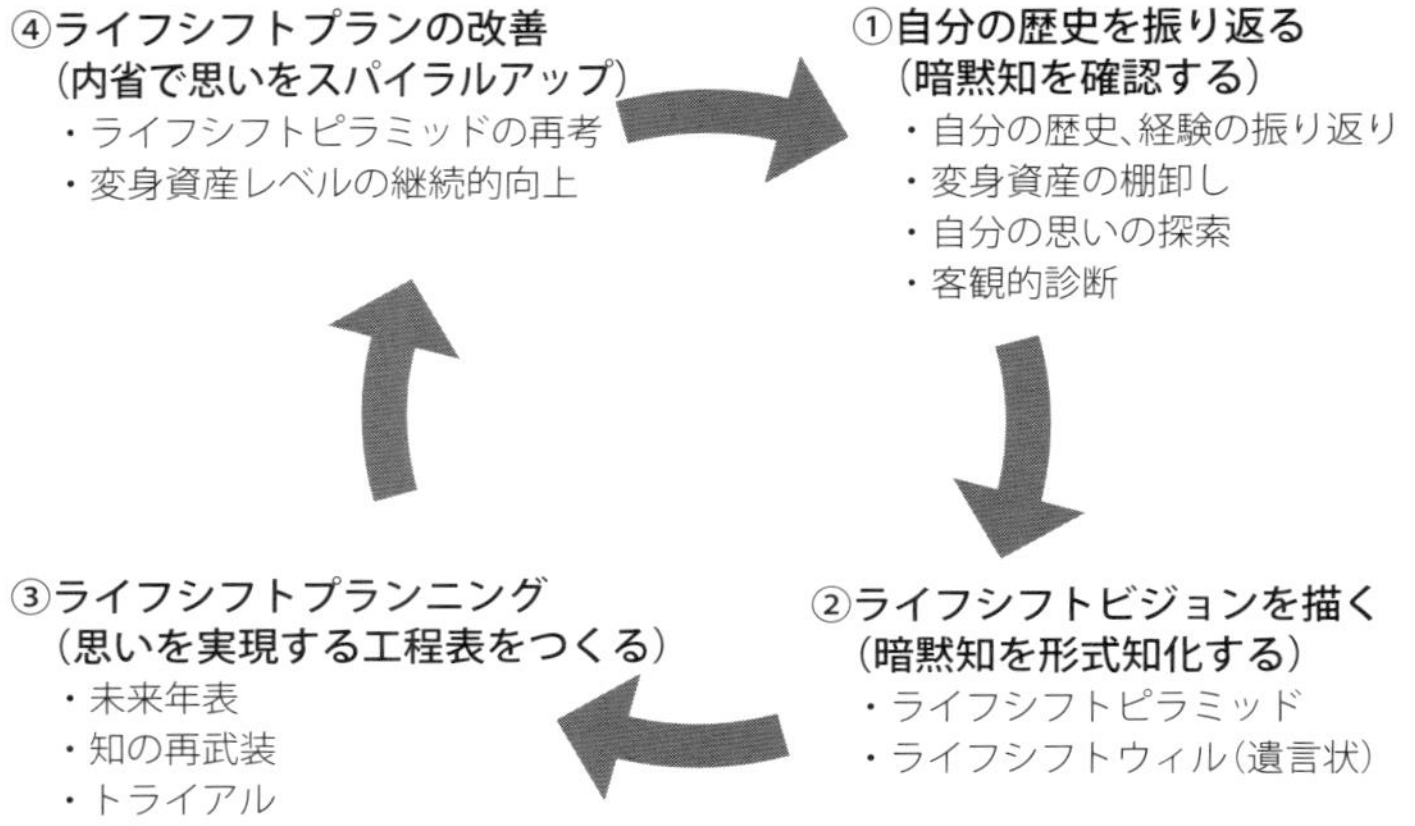
①自分の歴史を振り返る
（暗黙知を確認する）
・自分の歴史、経験の振り返り
・変身資産の棚卸し
・自分の思いの探索
・客観的診断
②ライフシフトビジョンを描く
（暗黙知を形式知化する）
・ライフシフトピラミッド
・ライフシフトウィル（遺言状）
③ライフシフトプランニング
（思いを実現する工程表をつくる）
・未来年表
・知の再武装
・トライアル
④ライフシフトプランの改善
（内省で思いをスパイラルアップ）
・ライフシフトピラミッドの再考
・変身資産レベルの継続的向上

る（Create）ことです。変身資産を築くとは、その準備としてリソースを蓄えることと（Can）です。このWill・Can・Createの流れは人生のイノベーション、すなわち「ライフイノベーション」でもあります。それゆえ知識創造理論のＳＥＣＩ（セキ）モデルのサイクルで説明ができそうです。

ＳＥＣＩモデルとはまず、さまざまな体験から学んだ自分の中の暗黙知を育て（Socialization）、それを整理し確信を得て、方向性を見出します（Externalization）。そこからいろいろな知を結びつけて実際のイノベーションを起こし（Combination）、その実践と反省から多くを学びます（Internalization）。そしてその経験をもとに、さらによいイノベーションに結びつけ、発展し続けるという「知の創造・発展のサイクル」です。

ライフシフトもまさに人生の知から学んで、自分の人生をイノベートするわけです。このモデルを「ライフシフトナビ」と名づけます（図表5－1）。

■ライフシフトナビ　ステップ1
自分の歴史を振り返る（暗黙知を確認する）

まず、自身の内にある暗黙知の確認です。読者のみなさんの年齢は、30歳、40歳、50歳などさまざまでしょうが、それぞれ、すでに10年、20年、30年と社会人経験を積まれているはずです。まずは、その振り返りをします。

歴史、経験の振り返り

やはりなんといっても未来の土台は過去にあります。過去の豊かな経験を土台にし、自信を持ってCreateできる未来を見つけるのが一番安全でしょう。もちろん、過去を否定し、自分を変えていきたい人もいるでしょうが、それでも過去の経験や失敗からは学べるはずです。人生は波乱万丈であったはず。その中で自分に多くの暗黙知が蓄えられてきた

図表5-2　職務波乱万丈記の例

- 実線でまず自分のキャリアの中でモチベーションの高かった時、低かった時をグラフで記入していきます
- 各時期に応じたコメントを記入します
- これからのライフシフトへ向けての自分の気持ちの予想を点線で記します

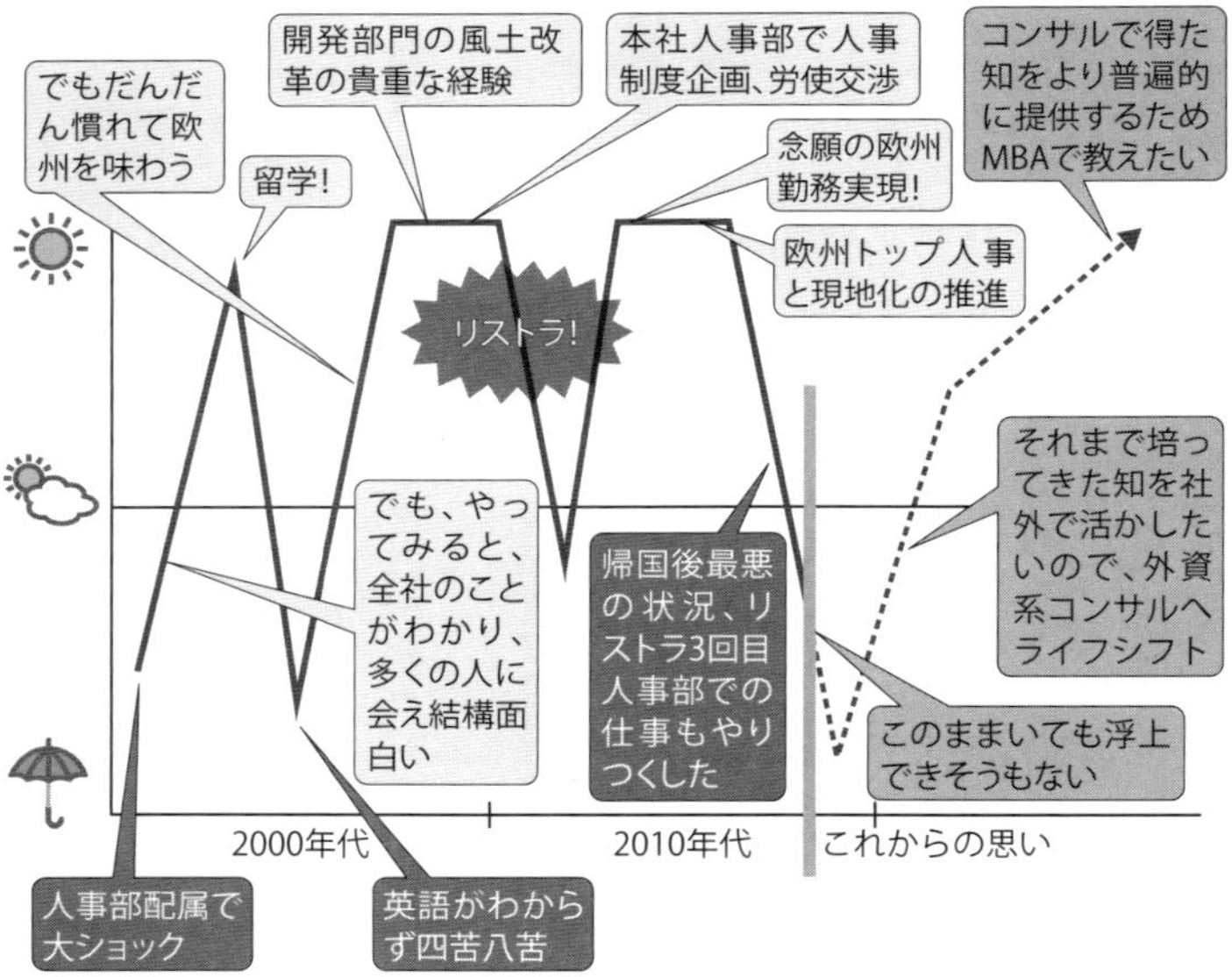

はずです。が、私たちは多くの場合、それらを「知に変換」していません。単なる思い出に過ぎないと思っていたり、あるいはすっかり忘れていたりすることも多いでしょう。

しかし、よく考えてみると、多くの難局、難しい交渉をまとめた経験、時間のない中で何とかやり遂げた経験、厳しい上司の下で耐えた経験、重要な顧客に対して失敗を詫びた経

験、組織の軋轢の中でうまく生き延びた経験……。さまざまな経験があるはずです。そして、その時にどうしたらうまくいったのか、いかなかったのか、嫌だったのか、意外に好きだったのか、など自分の感情や思いが芽生えたはずです。

そこから、自分にはどういう経験知があるのか、どういう時にモチベーションが湧くのかを確認しましょう。図表5－2の「職務波乱万丈記」を参考例に埋めてみてください。自分のベースを確認できるはずです。

変身資産の棚卸し

次は、変身資産の棚卸しです。これはCanの把握、強みの把握です。変身資産については第4章で述べたように、①オープンマインド、②知恵、③仲間、④評判、⑤健康がありま す。これらを「職務波乱万丈記」でのさまざまな経験を思い出しながら、体系的に棚卸ししてみること。そして、もうひとつ重要な意志力（自分をコントロールする力。Will power）を持って、棚卸しされた変身資産を増やしていくことが必要です。意志力が弱いと、どんなに変身資産があっても、そして自分のCreateしたい未来図へ向けて実践しようと思っても、はじめの一歩を踏み出せません。

変身資産については変身資産棚卸表（図表5－3、5－4）を埋めてみてください。

図表5-3　変身資産棚卸表

		棚卸し時に記入	ナビの3段階目のライフシフトプランニングで記入	
変身資産		現状の強み・弱み	ライフシフトビジョンと照らし合わせた際のギャップ	ギャップを埋める知の再武装の戦略
オープンマインド	ポジティブマインドセット			
	未来への思い			
	チャレンジ精神			
知恵	知識・スキル			
	経験の幅			
	教養			
仲間	親しい友人			
	ビジネスネットワーク			
	ソーシャルネットワーク			
評判	発信力			
	共感力			
	独自コンテンツ			
健康	運動			
	食事・睡眠			
	こころ			

図表5-4で細かく分析

図表5-4　知識・スキル棚卸表の例

自分の持っている知識・スキルを徹底解剖します

業務分野	テクニカルスキル	ヒューマンスキル	コンセプチュアルスキル	専門知識
（例）人事業務	採用実務、評価実務、労使交渉、研修講師、人員・労務費管理、社長原稿・社内報作成、英語での業務	労使関係、評価面談指導、リストラ面談、採用面談、現場とのコミュニケーション、社外有識者関係	人事戦略、評価・報酬制度設計、教育体系作成、ビジョン作成、風土改革	労基法、労使関係判例、欧米企業の人事制度、HRテック事例

自分の思いの探索

以上が客観的な事実などからの自分の中に蓄えられた暗黙知の把握になりますが、一方でその過程でみなさんは、自分の生き方に関する思いも育んでいるはずです。こういうことに挑戦してみたい、こういう価値観が重要だ、こういう仕事のやり方が気に入っているなど、自分にしっくりくる考え方や過ごし方のパターンや癖を持っているはずです。

通常はそれらもやはり暗黙知として体の中に埋め込まれていて、あまり意識はされません。しかし、一人事業主としてライフシフトし、自分らしく生きていくためには、自分の思いに正直になることで持続可能な道が開けていくことになります。特に人生の後半戦では、やはり自分らしい生き方を探したいものです。

それゆえここから、MBB（Management by Belief：「思い」のマネジメント）の各種の手法が大事になってきます。ライフシフト成功のカギは、自分らしさを真剣に考え、自分の思いを明確に持つこと、すなわちMBBだと言っても過言ではありません。

それゆえ、まずMBBの基本となる自分自身との対話からスタートしましょう。要領はいたって簡単です。

図表5-5　セルフコーチングの例

1. 今日のできごと、気になったこと 昨日、高校の時のクラス会があったが、自分も含め、みなちょうど60歳だ。各自の近況報告の中で、集まった17人中の男性4人がすでに60歳を迎え、定年退職したと言っていた。退職して、まったく何もすることのない道を選んだとのこと。さらに聞くと、既にここ数年は役職も外れ、若い上司の下で、それなりに過ごしてきており、いまさら新しく何もやる気にはならないということで、しばらくは楽をすると言う。それでいいんだろうか？	**2. 気づきの深掘り（何を思ったり、考えたのでしょうか？）** 確かに、自分を振り返っても、働きづめで、家族と一緒に過ごす時間も少なかったし、旅行でのんびりというわけにもいかなかった。しかし……。いったん休養はいいが、リンダ・グラットンが言うように、人生100年、80歳現役の時代が来ている。このまま20年も健康なうちに何も生産的なことや社会とのつながりから縁がなくなるのは、人生の損失だし、社会の損失ではないか。どうしたら、ライフシフトする気になるのだろうか？
3. 自分のライフシフトに向けての問題意識との関係 自分のことを考えると、やはり周囲の影響が大きいように思う。大学教授だと、私の恩師は83歳で現役だし、自分より年上の先生が実業界相手に最新の知で指導に当たっている。そこに自然と巻き込まれて新しい知識を開拓している自分がいる。そういう人たちのコミュニティがなければ、自分を放り込み続けるしかないのかもしれない。	**4. 今後の自分に活かすとしたら？（夢や具体的な課題につながるか）** 自分は逆に、これから来る50代の人たちに、もっと知的活動、挑戦の場への声掛けをして、巻き込んでいかないといけないのかもしれない。そういう場があればきっともっと多くの50代が、ライフシフトにジャンプするのが自然になるのではないか。60歳になれば、オンかオフかではなく、オンを自分なりにデザインする生き方こそ、長期間労働時代のライフスタイルだろう。

セルフコーチング

まず、身の回りで起きた日々のできごと、あるいはニュースなどを題材にして、自分の考えをまとめる習慣です。例（図表5－5）を見てみてください。このセルフコーチングのワークシートを埋める作業を習慣化することで自分の問題意識を鮮明にし、未来への思いを強めていきます。自分が大事にしていることが何なのかを自分に問いかけることができ、自分らしく生きるために自分が大事にしたいことが浮き彫りになってきます。

書評ライティング

一人事業主として生きていくためには自分の価値観が大切です。組織の中ではそれを出しすぎると損をすることがありますが、ライフシフトする場合は、やはり自分らしく自分に正直に生きたいもの。また組織の中での統制がはずれ、いろいろな誘惑もあるでしょう。そういう中でも自分が正しく生き抜くには価値観や哲学をはっきり持っておかないとぶれたり、悪の道に入り込みかねません。そこで活用したいのが良書を読むことで、自分の価値観をあぶりだすことです。良い本を読んで、自分なりに学びや気づき、自分として応用できることを自分の言葉で表現することで、身につけていきましょう。例（図表5－6）を見てみてください。本の主張を自分なりに解釈し、自分の思いを1000字程度でまと

図表5-6　書評ライティングの例

『なぜ、日本では本物のエリートが育たないのか？』
福原正大著、ダイヤモンド社

- 現代における本物のエリートとは？　毎年多くの学生が勉強しているが、真に有為な人材、そして国を成長させるエリートを日本は輩出できているのか。著者は現代のエリートの持つべき能力は「システムを変える力」だという。「壊すだけではなく、時代に合った新しいシステムを創造し、構築していく力」だ。
- しかし、東大でもどこでも学校では、「実際に使わない知識を、頭を使わない形で学習し、時間をかけたにもかかわらず何も残っていない」ような教育がまかり通っている。重箱の隅をつつくような実社会では無意味な知識をテストの前だけ丸暗記すればすむような表面的な教育だ。さらに、それに拍車をかけるような塾通いで、「答え」を求める発想を植え付け、システムを再創造するような知的柔軟性を消し去っている。その結果、「国内では『優秀だ』と評価される人材が、海外へ行くとまったく通用しなくなってしまう現実」が起きるのだ。
- 今の時代にシステムを再創造するにはグローバル化の流れをうまく引き寄せて世界の知で共創していくことが基本だ。答えは多様、答えは創る時代だ。現代のエリートにはそれゆえ、世界の多様な価値観を持つエリートと競争しながら共創することが求められる。そのためには単なる英会話や過去の知識の詰め込みではなく、自分の意見をしっかり持って、主張し、説得・交渉したり共感を得ていく能力が不可欠だ。そしてそれはより深いレベルでものごとを考え、自分の立ち位置を明確にしていくことでもあり、人生に問いを立てる哲学や、ネット時代にふさわしく大量の世界の情報を瞬時に読みこなし、判断を間違わない能力。理論的に問題にアプローチし説明するためのさまざまなフレームワークを使いこなす能力。さらには、それらを国籍・性別・能力など多様なバックグラウンドを持つ人々と議論してまとめ、リードしていく力が重要になってくる。
- すなわち、①答えは一つではないことを認識し、②理論と問題解決のフレームワークを身につけ、③ダイバーシティを活かす対話力を磨いていくことだ。学校教育に頼れない日本では、こうしたチャンスを一人ひとりが探さねばなるまい。
- 自分はこれから先のライフシフトにあたっては、ぜひこれまでの成功や失敗経験を活かして、次世代の若者がもっとグローバルに活躍できるような力になりたい。そういう場を求めてライフシフトを検討してみたい。

図表5-7　価値観カード

実力	成功	ヒーロー	柔軟さ	真理
マイペース	時間	快適	財産	能率
恋人	ロマン	感性	正直	分析力
ナンバーワン	勤勉	節約	未来	権威
優しさ	勇気	達成	楽天的	専門性
改革	責任	友人	平和	遊び
マネジメント	夢	自由	尊厳	家庭
貯蓄	落ち着き	完全	人情	美しさ
信仰	学ぶ	自尊心	忠実	ユーモア
向上	理想	会社	プラス思考	健康
支配	処遇	旅	感謝	勝利
組織	成長	努力	目標	安らぎ
マナー	ステイタス	奉仕	野心	正義
決断	一体感	研究	快楽	義理
約束	愛	誠実	調和	慎重
芸術	ルール	ユニークさ	権力	賢明
趣味	冒険	貢献	倫理	承認
信頼	団らん	思いやり	賞賛	心
楽しさ	支援	チャレンジ	力	情報
安定	保証された身分	創造性	リーダー	堅実

める作業が書評ライティングです。

価値観カード

同様に、自分のモチベーションが上がることは何なのか、優先する価値観は何なのかを比較検討することも価値があります。そのためには、価値観カードを用います。図表5－7を参考に自分に合っている価値観を選び出していきます。最初に10個選び、その中からさらに5つ程度に絞ってみましょう。そこで選んだものを大事にしてライフシフトで実現したいことを検討するのです。

変身資産カウンセラーに相談する

このように自分のキャリアを振り返りつつ、自己限定を外し、知を編集していく際に、それを一人でやることが難しい場合もあります。その場合は、第三者の目を通して分析してもらうのがよいでしょう。

キャリアカウンセラーやライフシフト・アドバイザーに、本章で述べた自分の「職務波乱万丈記」や、知識・スキルの棚卸し結果を見てもらい、一緒に考えてもらうことで、自己限定が一気に氷解し、ライフシフトの可能性がいきなり開けることもあるのです。

一人で悩まないことも、ライフシフトを効果的に進めていくための知恵なのです。

客観的診断

以上のツールは自分への問いかけという形でしたが、さらに進めて自分の強み・弱みや傾向、性格などを客観的に分析してみることも大切です。以下のようなツールを活用するのもいいでしょう。

『さあ、才能《じぶん》に目覚めよう　新版ストレングス・ファインダー2・0』トム・ラス著、古屋博子訳、日本経済新聞出版社：自分の強みを確認できます。

ジェイバン性格診断：性格統計学に基づき、自分の性格を顕在化し、他者との渡りあい方を検討できるようになります。j-ban.com

〝Values in Action Inventory of Strengths（VIA-IS）〟による6つの美徳に関しての自

分の強みをあぶりだしてくれます。viacharacter.org

振り返りの壁

このような振り返りを行って自分の暗黙知を探っていくわけですが、そこにはいくつかの壁があるのも現実です。

時間：まず時間がないのではないでしょうか。確かに私たちは今を生きるのに精一杯であり、なかなかゆっくり振り返ることや書評を書いたり、セルフコーチングをしたりする時間は取れそうもないかもしれません。しかし時間がないのは誰しも同じです。であれば少しのスキマ時間でもうまく使うのが人生のコツです。

「塵も積もれば山となる」を信じて、通勤の電車の中や風呂の中で思いにふける、寝る前の30分にしみじみ考えるなど、スキマ時間を活用することから始めてください。少しずつ自分が見えてくると、もっと本腰を入れられるようになるはずです。

過小評価：自分の経験の振り返りや変身資産の棚卸しをしていると、ふと、「この経験やこの力は取るに足らないから抜かしておこう」というふうに端折《はしょ》りがちになりますが、

[redacted]

第3章の木村さんの事例

今まで培ってきた専門性や経験、磨いてきた人間力など自分固有の特長を惜しみなく注ぎ込み、縁ある人々(個人・組織)の課題、悩みに寄り添いながら、その解決の力となり、新たな再出発(リスタート)を支援する

人生100年時代を迎え、将来のキャリアに不安を覚えるビジネスパーソンは多い。こうした状況の中、自分が経験した闘病・出向・転籍・M&A経験などを踏まえ、具体的かつ実践的な処方箋を組織・個人に提供したい

「雇われない・雇わない」というインディペンデント・コントラクター(IC)的働き方を実践することを通じて、他には代替できない高度な専門性を気軽に適正な価格で提供し、感謝されている

組織に属さないことによるメンタル面での心細さと収入の不安定さ。ピンで働くことにより取り組む活動に規模的な制約があること(大きな舞台で活躍できないのでは?)

多くの人と出会うことを人生の価値とし、その結果として幅広い人脈を構築し、コラボ等を通じてさまざまなビジネス上のオポチュニティを生み出す。1社に限らずパラレルに仕事をすることにより精神面での余裕と収入源の分散化を図る

それはもったいないことです。

たとえば、管理職としての面談スキル。これだけとれば、管理職になった際の一コマだけのようにも思いますが、実は、人をモチベートするスキルや難しいことをきちんと伝えるスキルに通じています。人と話すことが商売の仕事に実は向いているのかもしれません。それゆえ、自分が得意だな、経験した時に嬉しかったなと思うことは、それがたとえわずかなものと思えても、そして小さなことでも記録しましょう。この際、粒度とか整合性とか、細かいことにこだわる必要はありません。

図表5-8　ライフシフトピラミッド

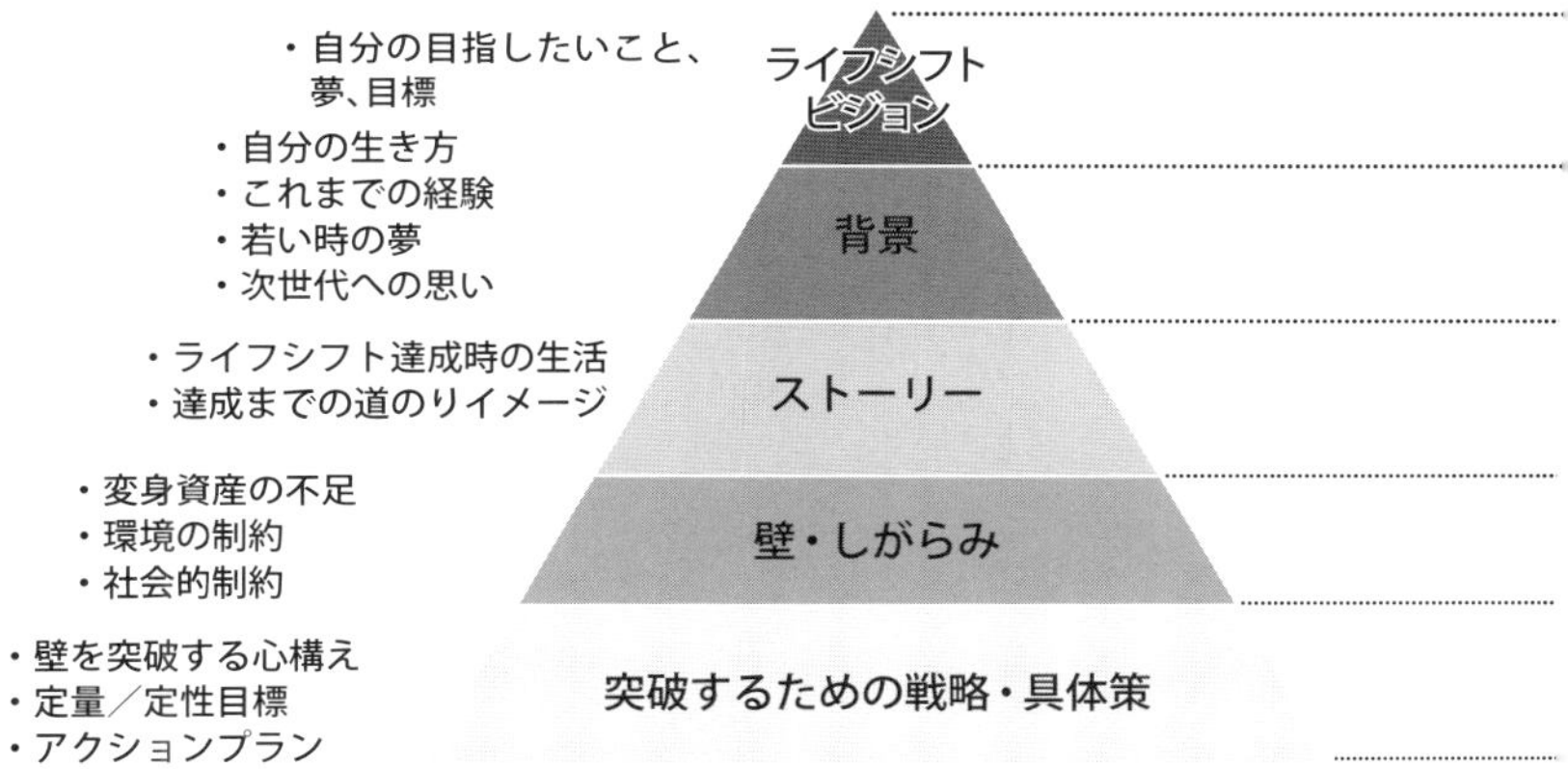

■ライフシフトナビ　ステップ2
ライフシフトビジョンを描く
（暗黙知を形式知化する）

次の大きなステップが暗黙知の形式知化です。ライフシフトナビの第一ステップで自分の暗黙知を炙り出しました。次はそこから何を紡ぎ出すか、やりたいことを明確化し、自分の思いを形にするステージです。そう、いよいよ自分の未来像として「未来の自画像」を描き、ライフシフト先を模索していくのです。

そのためにはいくつかのツールがあります。

ライフシフトピラミッド

ライフシフトピラミッドとは、ＭＢＢで使う「思いのピラミッド」のライフシフト版です。思いのピラミッドとは未来のビジョンを描くとともに、その具体的な目標と限界、そしてその対策を描き出すＭＢＢの代表的なフレームワークです。ライフシフトピラミッドのポイントは、まず未来の自画像を「ライフシフトビジョン」として具体的に描くことです。

そのゴールは80歳が理想ですが、まだ80歳までを見通している人は少ないでしょうから、すでに40歳以上の方は60歳定年時にどういうスタートラインに立っているのかをイメージしてください。60歳時点で、どういう人生をスタートさせようとしているかです。30代の方は40歳代で、自分がライフシフトすることを想定してみてください。図表５－８の記入要領と例をもとにトライしてみてください。

ここでのビジョンは仮説です。今の時点で自分が思う未来の自分の仮説です。この仮説をライフシフトナビのいろいろなツールを使って、一歩ずつ現実化していくわけです。また、仮説ですから途中で修正を加えていってもかまいません。

ライフシフトウィル（遺言状）

遺言状とは少し大袈裟に聞こえるかもしれませんが、自分が心を込めて後に続く世代に残しておきたいこと、残す自信のあること（考え方、成功のコツ、知識やノウハウなど）

図表5-9 ライフシフトウィル（遺言状）の例

分野	具体的にどんなことを伝えたいのか
仕事	仕事は自分のため。自分が成長する仕方で仕事をしよう。そのためには、徹底的に調べるとか、意見を聞くとか、それまでやられていなかった方法を考え出しアプローチする必要があります。チャチャッとやらずに時間をかける意味はそこにあります。
	シャドーワーク（担当の仕事以外のいろんなこと）をたくさんやり、守備範囲を広げると、それが癖になって、どんどん人生の可動域が広がってくる。それが面白いのです。
人生	難関、問題、逆境など、人生にはいろんな逆風が吹くけれど、それをどう克服し、乗り越えるかが自分を成長させてくれる。すぐには解決できなくてもいいので、とにかく逃げずに打ち手を考えることが重要だ。できればアイデアのある打ち手を考えたい。
	海外暮らしをぜひ薦めます。日本にいる外国人との交流も。違う文化に触れること自体が楽しい経験です。
その他	どんなに忙しくても健康管理には気を遣おう。

を記入します。自分の人生を通じて、後の世代に残していくことがあるからライフシフトの自信が見出せるのです。単に１００歳までの生活費を稼ぐためだけのライフシフトではない、人に感謝される人生をつくるためのライフシフトを意識するためです。

40代以降の方はこれは定年時の60歳と最終的な現役リタイア時（ライフシフト後）の80歳を目処に記入してみましょう。30代の方は今の組織から独立する時と、ライフシフト後の人生を全《まっと》うした引退時に何を残しておきたいかを想定してみてください。図表５－９の例をもとにトライしてみてください。

未来を描く時の壁

未来を描く時に直面する壁があります。

迷い：まず多いのが、そもそも何も考えてこなかった場合、「これが自分の未来の自画像だ！」と自信を持って言えないことです。それは無理もありません。しかし、未来への旅路はいつも仮説だと心得ましょう。いったん動き出してみることで見えるものが変わり、同じことでも意味づけが変わってきます。

たとえば、これまでたいして関心のなかった読書が急に大事に思えてきたり、あまり関心のなかった研修や出会いの場が貴重に思えるようになったりします。「予言の自己成就(self-fulfilling prophecy)」という言葉もあります。自分がこうなると信じていると、そうなってしまうという現象はやはり起こるものだと思っています。逆に、何も考えていなければ何も実現しません。

情報不足：未来を描くにも、まったくゼロからというのは難しいものです。社会の流れや、自分の理想とする人の行い、いろいろな人との対話などから未来の可能性に関する情報を得て、当たりをつけていくことも大切です。また本や新聞などの情報源を当たりましょう。じっくり考えたいので、紙の媒体の方が良いように思えます。

想像力不足：自分の暗黙知を棚卸ししたけれど、使えそうにないものばかりだと過小評価する傾向は、先に指摘しました。それを乗り越えるために細かいことを洗い出したあと、その本質を見極めて、どう別の仕事で応用できるかを考えるわけですが、そこで重要なのが、想像力です。まだ見ぬ世界ではありますが、自分は何ができそうなのかを妄想してみましょう。なかなか自分のスキルの応用先がわからないという方は、変身資産の「仲間」に数えた友人に自分の妄想を聞いてもらうのも手でしょう。また、ぜひキャリアカウンセラーやライフシフト・アドバイザー、また身近なライフシフトをした先輩と対話することもおすすめします。

家族や生活との関係：別の角度で大きな問題となりうるのが家族です。「嫁ブロック」といわれる配偶者からの反対や、子どもが小さい、両親の介護、家のローンなど抜き差しならない事情もままあります。これらは無碍《むげ》にはできないので、潜在的な課題、将来予想される課題も含めて、洗い出しておきましょう。でも、それは、自分の思いとは別次元で検討されるべきものであり、ここで混同すると、思いやビジョンが低くなってしまうので、それら懸念点については一旦横に置いて、思いのピラミッドをピュアな気持ちで描いてください。

■ライフシフトナビ　ステップ3
ライフシフトプランニング（思いを実現する工程表をつくる）

三つ目の段階は、いよいよ思いを実現する手段とその工程表を具体的に考える時です。そこでのキーワードは知の再武装とトライアルです。

未来年表

これは未来へ向けての自分のステップの予想と今想定される未来の事象を自分なりに検討し、シナリオを描くツールです。読者のみなさんの年齢によって時間軸は変わります。30代であれば40代まで。40代であれば60歳まで。50代であれば80歳まで描く努力をしてみてください。自分の未来に関連する予測される社会・経済の事象を自分で調べてみることで、より切実に自分のアクションを想定できます。

河合雅司氏の『未来の年表』『未来の年表2』（講談社現代新書）や野村総合研究所が毎年出している「ＮＲＩ未来年表」は具体的にある年に起きるであろうことを示してくれていますので、とても参考になります。また、世界の思想家の書いた未来に関する提言も参考にすべきでしょう。ジェレミー・リフキンの『限界費用ゼロ社会』（ＮＨＫ出版）やク

図表5-10　未来年表の例

2018 50 歳	2020 52 歳	2025 57 歳
社会の変化　オリンピックまでは景気は好調の予想。仕事は忙しさが続く。	オリンピック後の景気調整局面入り。	2025年問題で団塊の世代が後期高齢者となり、高齢者の増加が顕著になる。人手不足の顕在化。
この2年間は今の流れで何をするか？ 今の仕事が忙しく、準備や、MBA取得に時間とお金をどこまで割けるのか想像がつかない。	**2025年の自分を目指してやること** 55歳で独立したい。 そこで自分の会社を持ち、中小企業の組織活性化、イノベーション支援のビジネスを開始したい。 そのビジョンのための準備期間。	**7年後の自分のやっていること** いよいよ退職し、独立している！ 自分の夢へ向かって出発だ。 まずは立ち上げの3年は、ひたすら仕事に専念しよう。
次の5年をイメージして、何を始めるか？ でも、それにもめげずに、50歳代後半での独立・起業を目指して真剣に準備を始めたい。今のうちに貯めるだけ貯めておきたい。資金、ノウハウ、人脈。	**2025年までに考えられる問題** ビジネスプラン通りに行くのか心配。どこまで開業資金、当面の生活費のたくわえをすればいいのか？　一緒にやってくれる人や支援者集め、家族の理解確保も課題。	

ラウス・シュワブの『第四次産業革命』（日本経済新聞出版社）などは自分が80歳になった時に世界はどうなっているのかについて示唆に富んでいます。

例（図表5－10）を参考にしながら、ご自身の未来年表を検討してください。

知の再武装
（変身資産増強計画）

ライフシフトナビのステップ1で自分が棚卸しした変身資産と、自分が目指すライフシフト先で求められる要件のギャップ分析を行います。自分の未来年表の中に、そのギャップを埋める手段を記入します。私たち日本人の場合、ライフシフト成功のために最も欠けているのは、多くの場合、実は専門知です。会社の中で一生懸命頑張っているのでそこは大丈夫と思う人も多いと思いますが、ライフシフトで重要になるのは、一人事業主としてでもやっていける知であり、それはまとまった仕事を一人で一気通貫でこなせる実務能力と、それを一般的な状況で（自社内だけで通用する経験知を超えて）も使える基礎知識に裏打ちされた実践知です。サラリーマンを長くやっていると、会社の中で生き延びる知恵はついているものの、社外に出ると基礎がなっていなくて、案外、説明できなかったりします。

その意味で、私は多摩大学大学院では研究科長として、単なるＭＢＡではなく、実践知をきちんと学び直してもらうことを主体にカリキュラムを組んでいます。そして、その熱い学びの場を「知の再武装」の場と表現しています。またライフシフト社では「ライフシフト大学」と銘打ち、さまざまなライフシフト支援のカリキュラムを提供していきます。

今後はきっとサバティカルリーブが日本でも導入されることと思います。サバティカルリーブとは、会社を一年なり半年なり休んで知の再武装を行う制度です。「会社に入ったら勉強は終わり」という時代はもうとうに過ぎ去っています。知の再武装の裏打ちのないライフシフトは無謀な賭けになってしまいます。

トライアル

もうひとつのキーワードがトライアルです。ライフシフトをいきなり敢行するのはなかなかリスクがあると感じる方は多いでしょう。大学を出てからずっと同じ会社に勤めている人はなおさらです。それゆえ、会社に籍を置きながら、お試しで武者修行をするのがおすすめですし、安心感を得て、自分を励ますきっかけになります。その手段は関連子会社への異動に応募する。兼業・副業を認めてもらい実行する。他社への短期間インターンを行うなど。積極的にそういう場を自分から求めていくことが重要です。

専門分野でしっかりした基盤のある人は、兼業・副業をしてみましょう。自分の力がどれほどのものかがわかります。NPO・NGOで働く経験も、NPO・NGOをライフシフト先として考えている方には重要です。NPO・NGOには企業組織とはまた違う文化や組織観がありますので、そういうものに現在の仕事をしながら前もって触れて自分なりに納得しておくことが重要です。

また、社会人インターンで、短期間、他社へ出向や研修の形で仕事をしに行くのも面白いものです。最近では、インターンのサービスを行う企業も登場しています。ライフシフト社でも中小企業へのインターン制度を考案中です。

▼ローンディール社の「企業間レンタル移籍」：https://loandeal.jp
▼エッセンス社の他社留学「ナナサン」：www.essence.ne.jp
▼サービス産業生産性協議会の「大人の武者修行」：shugyo.jp

いざ実行の際の壁

実行の際の壁にはどのようなものがあるでしょうか。

プライド：大企業にいるメリットはいろいろな知恵が自然と身につくことですが、一方で今さら中小企業やベンチャー企業へは行けないというプライドが生まれてしまうことや、どうしても給与水準の差が納得できない、周りや家族からどう思われるか気になるなどの障害が出がちです。しかし、大企業にいるメリットは、自分の年齢が60歳に近づくにつれどんどんと剥《は》がれ落ちていきます。

ヘッドハンターのプロから見ると、大企業一社で来たビジネスパーソンの転職市場における価値は40代から下がり始め、50歳でゼロになるともいわれています。年齢を重ねるとプライドばかりが高くなっていきライフシフトのチャンスを自ら狭めてしまいがちです。それゆえ、プライドは捨てましょう。プライドよりもチャンスを取りましょう。

組織人の保身癖：組織人で来たあなたはかなり保身の癖が身についていると思います。それゆえ、真面目にやれば65歳までは同じ会社にいられるので、何もそんなに焦らなくてもいいと思っているのではないでしょうか。組織の中で自分の立場をいかに守るかが目的化し、そのままにしていれば65歳までは無事に過ごせると期待してしまいます。

しかし、もはやそれは幻想です。大企業ほどいつリストラがあってもおかしくないのがイノベーションの時代です。また、ごく小数の勝ち組社員を除いては、教育も施されず、60歳で定年再雇用（給与は年収３００万円程度）された後、結局は65歳で放り出されてしまいます。その時にはすでにライフシフトするのはかなりきつい状態でしょう。いかに早く保身ではなく、挑戦へ舵を切るかを決心する必要があります。

会社の制約：兼業や副業、サバティカルリーブ、そしてインターンなど、制度やサービスは徐々にできてきているものの、まだまだ実際に運用している企業は少ないのが実態です。そういう面ではせっかく自分で意識をしても会社が許してくれるかどうかはわかりません。しかし、企業も社員の高齢化やバブル入社組の50代突入を迎え、確実に背に腹は替えられなくなってきているのが現実です。社員を社内に縛る諸制度を改変するのは間近ではないでしょうか。ぜひ準備をしておきましょう。

■ライフシフトナビ　ステップ4
ライフシフトプランの改善（内省で思いをスパイラルアップ）

最後のステップは内省です。未来へ向けての準備を検討し、ライフシフトナビの第3ステップを踏んでトライアルをすれば、自ずと自分に足りないところや、もっとできるかもしれないという可能性が見えてきます。

ライフシフトピラミッドの再考

知の再武装とライフシフトのトライアルを実行してみて発見することは多いはずです。自分の思いは正しかったのか、幻想だったのか。自分のお客さんの顔が見えてきたかどうか。事業は難しすぎたのか、ほかの人も同じことを考えていたのか。ライフシフトピラミッドは進化していって当然です。準備をしっかりやればやるほど、思いは明確になりますし、また障害もはっきり見えてきて、より現実的にならざるを得ない面も出てきます。

一方でいろいろな人に、自身のライフシフトの夢を語ることで、助けてくれる人やアイデアをくれる人も出てきて、思いがさらに高まることもあるでしょう。ライフシフトピラミッドは自分の思いを整理して、周囲に語り、フィードバックを得るツールでもあるのです。思いは語ること、共有することによって深まっていきます。億劫がらずに周囲の人に語り、ともに未来を語り合い、何度も思いのピラミッドをバージョンアップしていってください。

変身資産レベルの継続的向上

知の再武装を行いながら、常に変身資産レベルの再確認を行ってください。自身でスコアリングをしながらというのも楽しめるでしょう。ライフシフト社が運営しているライフシフトポータルでは、参加者が自分の変身資産レベルの伸びをオンラインで計測できるようにしています。

人は3つの要素によってモチベーションが上がるといわれます。ひとつは競争や勝負に勝つこと。これを「競争動機」と言います。2つ目は自分が成長しスキルアップしたり知恵が豊かになること。これを「成長動機」と言います。そして3つ目がいい人と出会える楽しさです。これを「感染動機」と言います。

これら3つを変身資産をマネジメントする中で自分なりにビルトインしていきましょう。

たとえば競争動機として、自分はライフシフト実践者のAさんに並べる能力を磨く！　自分らしさを発揮できる誰にも負けない力を磨く！　成長動機として、英語力を身につける。データサイエンスの力を身につける！　感染動機として、毎月○○の会に出席する。研修では必ず講師の先生に挨拶する！　などの目標を設定して、変身資産のレベルを意図的に引き上げていくのです。

内省の壁

内省の段階でも壁はつきものです。

対話相手がいない：思いのピラミッドを聞いてもらえるパートナーはいるでしょうか？　心を打ち明けられる友や、内面を語り合うことができ、あえて厳しいことも言ってくれる友がいるでしょうか？　普段はそんな深い会話をあまりしないのが最近の風潮であり、そういう友を意識していない人が多いと思います。しかし、何もアクションをしないといつまでもそのままでしかありません。ぜひ聞いてほしい友人に頼み込んで、躊躇《ちゅうちょ》せずに自分から思いを語ってみてください。今の時代、相手も聞いてほしいライフシフトへの思いや不安を持っているかもしれません。

不安で腰が定まらない：やはりライフシフトにリスクは付き物です。決してこの潜在的リスクが消えることはありません。しかし、ライフシフトしないことによるリスクはすでに顕在化しています。65歳時点のリスクは明確なのです。ぜひ、知の再武装とトライアルを通じてリスクを低減しながら、内省を繰り返し行ってみましょう。少しずつでも自信がついていくはずです。とにかくアクション・ファーストでいきましょう。

時間軸を決めきれずに先送り：上記同様で、わかってはいるけどズルズルとなってしまうパターンであり、これもありがちです。まだ65歳まで何年もあるというのはその通りかもしれませんが、着実に崖は迫ってきますし、チャンスは減ってきます。自分の未来年表の中でのマイルストーンを再度確認し、何歳までにどうするという締切感を持ってください。「自分のことは後回しになってしまうものだ」というある意味での逃避行動が人の常だということ、そしてそれが命取りになるという現実をぜひ再認識しましょう。

4

ライフシフト成功のカギ

以上、ライフシフトを実践するためのフレームワークとその壁について述べてきましたが、いかがだったでしょうか。このフレームワークやツールを使って、ぜひご自身のライフシフトを成功させてください。これまでの実践者の皆さんへのインタビューを通じ私自身、とても感銘を受けました。皆さんが自分のライフシフトを成功させるプロセスで共通していたことがいくつかあります。それは、以下のようなことです。

・自分自身を認識している
・あまり悩まずにまず第一歩を踏み出している
・人脈、つながり、ご縁を大事にしている
・学ぶ努力を続けている
・何でも引き受け経験から学ぶ謙虚さを大事にしている
・柔軟性が高く、状況に合わせて自分のプランを変えている

これらの特徴は、まさにライフシフトナビを実行されているということです。実践者の皆さんはライフシフトナビのフレームワークやツールを、暗黙知として実行されていたのです。

ぜひ読者の皆さんにもこれらのツールを活用していただき、ご自身のライフシフトプランを実行されることを期待します。そして一緒に、日本の明るい未来をつくっていきましょう。

あとがき

最後までお読みいただきありがとうございました。

筆者自身がシニアの領域に入ってきた今、本当に他人事でなく、将来を考えるようになっています。もっと若い方々はもっと早く考えざるを得ない時代になっていく、そう実感しているからこそ、本書を記しました。

ご自身の未来のため、また次世代の日本を支える人たちのために、ライフシフトを成功させてほしいと真に願っています。

最後に私の出身でもある人事部の皆さんへ向けて申し上げます。

こうしたライフシフト時代に人事部門はどのように向き合ったらいいのでしょうか。一人ひとりの100年人生など、会社とは関係ないという見方もあるでしょう。企業は定年まで雇用すればいいのですから。しかし、人生100年を前提に社員の「80歳現役力」を支えていかねば、いずれ義務づけられる高齢者雇用や人手不足への対応などに困ることになるはずです。

また新陳代謝を図るにも企業から飛び立つ力を持てずに安住したままの40～50代（いわゆる

「年だけ重ね社員」を抱えていては、彼・彼女らにしがみつかれるだけになりかねません。

シニアが活性化するためには、ライフシフトエネルギーカーブが示すように、やはり企業の側にとっても、遅くとも40代以降から、社員に80歳現役を意識してもらい、その変身資産を自ら養わねばという動機づけと支援が必要なのです。

ライフシフトの観点で、社員にライフシフトビジョンを持ってもらうこと。そのアドバイザリー機能を充実させて、社員に自分自身の人生に目覚めてもらうことです。しかしそれは一朝一夕ではできないので、そんな社員のライフシフトジャーニーのプロセスに寄り添うことが、高齢化社会では、新たな福利厚生になっていくはずです。

これまでのような黄昏《たそがれ》研修的な60歳定年→余生突入を前提としたキャリア研修を改め、真剣に80歳現役を意識させる「ライフシフトキャリアデザインプログラム」を早期に起動させ、シニア社員を活性化することが、企業の生産性向上とこれからの時代の真の魅力度向上につながるはずです。

一方で、せっかくライフシフトを考えさせても、それに水を差す施策を改める必要も同時にあります。社員をライフシフトから目を逸らさせる3つの罠を人事は無意識に仕掛けてきたのです。

そのひとつがワークライフバランス。働きすぎがおかしいのではなく、意味のない働きすぎがおかしいのです。が、残念ながら残業削減さえすればいいという外形上の短絡的発想で、社員が取り締まられたり、帰宅させられたりということでは、自分らしい仕事も経験もできません。バランスを取った結果、空き時間で遊んでばかりいては未来への仕込みはできず、広がりつつある多様な選択肢も視界に入ってきません。ワークライフバランスの目的がライフシフトに即した形で人生の再投資に向かわないと、単なる余暇時間の増加に終わり、企業も社員もイノベーションの芽を摘んでしまうのです。

二つ目が成果主義。多くの企業にとって成果とは短期の数値業績に偏重しているのが実態です。タコツボ化した組織の中で、失敗しないでこぢんまりとした成果を出すように指導されるので、企業組織での経験を豊かで実のあるものにしにくくしてしまっています。そんな成果主義に明け暮れ、真のイノベーションに向けた経営方針や人事制度を持たない組織が多いようでは、せっかく思いを持ってより価値のある仕事をしようと社員がライフシフトしても、転職先で同じことになってしまう可能性が高い、そんな皮肉な結果も予想されます。それが大企業からベンチャーへ人が流れていく原因となっているのでしょう。

三つ目が定年延長や定年廃止。これは、今までのような人生80年・定年60歳という意識しかない社員にとっては渡りに船で、単にライフシフトのきっかけを先送りさせるだけとなってしまいます。社員を一時的に油断させて、60歳を過ぎてものんびりとさせてしまうモラルハザードになってしまう可能性が高いわけです。そういう社員を多く抱えてしまうと成長が鈍化しリストラ、という結末になるはずです。

その時にシニアの社員たちはますます転職も転身も難しい年齢になっており、ライフシフトはまず不可能。ライフシフトの価値観を植え付けず、シニアの働き方を再発見（re-invent）し、新たな人事制度でしっかり受け止めることが必要です。さもなくば定年延長や定年廃止は問題の先送りだけではなく、より悪い結果につながっていくはずです。

人口減少に伴う人手不足に絡んで、どうしても企業は自社の魅力度を高めようと上述のような施策に走りがちですが、結果的にはライフシフトの流れを阻害することになってしまい、日本全体の首を絞めてしまいます。このような社会的な罠が社員にはしかけられていることを私たちは見透かさないといけません。「小忠を行うは、すなわち大忠の賊なり」の戒めを思い出し、人事は率先して世の中の大きな流れにしっかりと向き合い、早めに自社の戦略を人生１００年時代にアジャストしていくことが重要なのです。

また、このことは、ジェロントロジー（高齢者社会工学）の視点が重要であることを示唆しています。ジェロントロジーとは、高齢者が社会の価値創造サイクルから取り残されないシステムを再構築するための実践知の体系といえます。企業や政府には短期的な利益や目標のために、制度や政策をいじるのではなく、高齢化社会、人口減少社会への根本的な日本の変質への対応が求められています。長期的に進行する不可逆な真実から目を逸らさずに、高齢者が価値を生み出すことに参画する社会づくり、すなわちジェロントロジーをテーマに、人生１００年時代の人と社会の関わり方を正面から見つめ直す必要があります。これが世界への日本の貢献にもつながるはずです。

人事部は、率先してジェロントロジーを深掘りする中で、人事や働き方を抜本的に考え直さないといけない時代に来ているのです。

人生１００年、80歳まで現役の時代はすでに始まっています。会社も人事部もそして何よりも一社会人としての私たち自身が、まず第一歩を踏み出し、一人でも多くの人がマルチステージの豊かな人生を歩み、価値を長く生み出し続けるような社会を目指して、共に努力していこうではありませんか。

		スコア 1～5
1	自分の生き方の信念を持って自分らしく生きている	
2	難しい事態や新規の課題を避けて通らず、何とかなるという気持ちで進んで取り組んでいる	
3	どんなときも倫理観や誠実さを持って、全力を尽くしている	
4	何年後に、こうありたいという自分の未来像、ビジョンを持って、語っている	
5	社会や自組織に関して自分が貢献していきたいテーマを持ち、課題解決に向け計画的に取り組んでいる	
6	時代の先端を行く考え方や価値を勉強し、素早く取り入れて創造的な仕事をしている	
7	厳しい状況や失敗にもへこまず、精神的安定を保ち立ち直ることが得意だ	
8	新しいことを考えたり工夫するのが好きで、チャレンジングなこと、逆境へ向かっていく	
9	未来へ向けて、仕事や生活の目標を定め、計画を立て、確実に実行してきている	
10	社外に出ても通用する専門知識・スキルを持っている	
11	自分の専門領域に関して、講演や講師ができる	
12	たえず新しい学習の機会を模索し続け、勉強を欠かさない	
13	自社の中で複数の部門で仕事を経験した	
14	2つ以上の専門分野の知や経験を組み合わせて、新しいアイデアを出すのが得意だ	
15	兼業・副業、学び直し、ネットワーク作りなどを活発に行っている	
16	世界や日本社会の幅広い最新の情報を常にチェックして、自分の時代認識を持ち、現在の仕事に活かしている	
17	教養を高めるために、本をよく読み、セミナーにもよく出かける	
18	感受性を磨くために、音楽、文学、美術、哲学、心理学などに関心を持って勉強している	
19	未来のテーマ（仕事や仕事以外）について、語り合える同志的な友人や先輩、後輩などがいる	
20	自分で良いと思う方向に周囲の人を巻き込んで一緒に行動している	
21	人生や仕事の難問を相談できる友人が社内外に3人ずつ以上はいる	
22	周囲の人以上に社内外で幅広い人脈がある	
23	仕事上の頼みごとができる深いネットワークが社外に10人以上はいる	
24	仕事の頼まれごとがよく来る	
25	仕事以外の付き合いにもきっちり時間を割くようにしている	
26	仕事以外で多方面での付き合いがある（趣味、ボランティア、海外の人とのつながり…）	
27	社会貢献活動の団体に属したり、ボランティア活動に参加している	
28	他者が興味を惹くような話や情報提供ができ、人とつながるのが得意だ	
29	他者に自分の考えを積極的に伝え、他者との関係性を深めたり広げるのが好きだ	
30	相手の胸に響くようなメッセージを伝えたり、キーワードを発信するのが得意だ	
31	こだわりを捨て、異なる意見や反対論にも是々非々で対応する、柔らかい心を持っている	
32	相手の話を否定することなく共感しながら聞いたり、相手から話を引き出すのがうまく、聞き上手と言われる	
33	他者が困っていたり、頼まれごとがあったら、惜しまずアドバイスし、見捨てたり断らずに対応している	
34	自分が得意分野とするテーマを持っている（専門、研究領域、問題意識など）	
35	自分ならではのテーマで雑誌への寄稿や発表ができるほど深く研究している	
36	自分ならではのテーマを仕事に活かしている	
37	日頃から、何らかの運動をきちんとスケジュール化してやっている	
38	健康診断の結果を受け止め、健康診断の数値を改善すべく努力している	
39	ストレッチ、腕立て伏せ、腹筋、スクワットなどの基礎トレーニングを定期的にやって鍛えている	
40	規則的で適正な食習慣をキープし、暴飲暴食はしていない	
41	栄養バランスを心掛けている	
42	熟睡できている	
43	自分なりのストレス対処法を持っていて、ストレスを感じたらすぐに対処している（瞑想、マインドフルネスなどから自分なりのやり方まで）	
44	様々な悩みを相談できる人を3人以上持っている（キャリアカウンセラー、ライフシフト・アドバイザーなどの専門家から友人まで）	
45	家族のことで心配事はない	

変身資産チェックシート（45 問について、1～5 のスコアで自身の変身資産を確認してみてください。）

1	オープンマインド	1	ポジティブマインドセット	環境の変化に柔軟に対応し、何でもまずやってみようと、明るくとらえる姿勢	
		2	未来への思い	未来の自分や組織のビジョンを描き、自らリードしようという姿勢	
		3	チャレンジ精神	課題を避けずに、少し背伸びしてでも何とかしようと、取り組む姿勢	
2	知恵	1	知識・スキル	常にアップデイトされた自分の専門と言える知識・スキル	
		2	経験の幅	組織や専門領域をまたがる豊富な経験	
		3	教養	未来へ向けて自分のビジョンを描く際の基軸となる明確な価値観	
3	仲間	1	親しい友人	自分のライフシフトの夢や悩みを相談できる親友・心友	
		2	ビジネスネットワーク	ライフシフトの相談に乗ったり、応援してくれそうな今の仕事関連の友人・知人のネットワーク	
		3	ソーシャルネットワーク	ライフシフトの相談に乗ったり、応援してくれそうな今の仕事とは関連のない世界での友人・知人のネットワーク	
4	評判	1	発信力	自分の考えや発想を明るく発信したり、他者と積極的に絡んでいこうとする力	
		2	共感力	相手の気持ちを汲んで、アドバイスや協力をして、助け合おうとする力	
		3	独自コンテンツ	自分ならではの得意分野を持って、それを軸に社会に発信できる力	
5	健康	1	運動	80 歳までの現役力を保つための運動能力	
		2	食事・睡眠	80 歳までの現役力を保つための健康のバランス	
		3	こころ	80 歳までの現役力を保つためのこころのケア	
	合計				

【著者紹介】
徳岡晃一郎（とくおか こういちろう）
ライフシフトCEO
多摩大学大学院教授、研究科長、多摩大学社会的投資研究所所長
フライシュマン・ヒラード・ジャパン　シニア・ヴァイス・プレジデント、
知識リーダーシップ綜合研究所所長
ヒューマン・フューチャー会長

1957年生まれ。東京大学教養学部卒業。オックスフォード大学経営学修士。日産自動車人事部、欧州日産を経て、99年フライシュマン・ヒラード・ジャパンに入社。レピュテーション・マネジメント、人事および社内コミュニケーションなどに関するコンサルティングに従事。2014年より多摩大学大学院研究科長。2017年6月株式会社ライフシフト設立、CEOに就任。人生100年時代の「ライフシフト」を啓蒙、支援する研修、人事コンサルティング、風土づくりなどを行っている。『シャドーワーク』『MBB：「思い」のマネジメント』（いずれも共著、東洋経済新報社）『未来を構想し、現実を変えていくイノベーターシップ』（東洋経済新報社）、『人事異動』（新潮社）、『“本気”の集団をつくる チーム・コーチングの技術』『ミドルの対話型勉強法』（ダイヤモンド社）、『人工知能×ビッグデータが「人事」を変える』（共著、朝日新聞出版）、『しがらみ経営』（共著、日本経済新聞出版社）など著書多数。

株式会社ライフシフト　https://life-shift.net/

40代からのライフシフト　実践ハンドブック
80歳まで現役時代の人生戦略

2019年3月7日発行

著　者――徳岡晃一郎
発行者――駒橋憲一
発行所――東洋経済新報社
〒103-8345　東京都中央区日本橋本石町1-2-1
電話＝東洋経済コールセンター　03(5605)7021
https://toyokeizai.net/

カバーデザイン…………竹内雄二
本文デザイン・ＤＴＰ…森の印刷屋
印刷・製本……………廣済堂
編集担当………………藤安美奈子
　ISBN 978-4-492-53407-6